Como extrair cada vez mais dos profissionais de uma organização por meio de um modelo de gestão simples, prático e inovador

A ARTE DE ENGAJAR PESSOAS

Modelo de Gestão para Liderança Estratégica de Organizações e Pessoas

Como extrair cada vez mais dos profissionais de uma organização por meio de um modelo de gestão simples, prático e inovador

A ARTE DE ENGAJAR PESSOAS

Modelo de Gestão para Liderança Estratégica de Organizações e Pessoas

Ricardo Seperuelo

Copyright© 2015 by Ricardo Seperuelo

Todos os direitos desta edição reservados à Qualitymark Editora Ltda.
É proibida a duplicação ou reprodução deste volume, ou parte do
mesmo, sob qualquer meio, sem autorização expressa da Editora.

Direção Editorial	Produção Editorial
SAIDUL RAHMAN MAHOMED editor@qualitymark.com.br	**EQUIPE QUALITYMARK**

Capa	Editoração Eletrônica
EQUIPE QUALITYMARK	**ABREU'S SYSTEM**

CIP-Brasil. Catalogação-na-fonte
Sindicato Nacional dos Editores de Livros, RJ

S484a

Seperuelo, Ricardo
A arte de engajar pessoas : modelo de gestão para liderança estratégica de organizações e pessoas / Ricardo Seperuelo. – 1. ed. – Rio de Janeiro : Qualitymark Editora, 2015.
116 p. : il. ; 21 cm.

Inclui bibliografia
ISBN 978-85-414-0203-3

1. Administração de pessoal. 2. Recursos humanos. I. Título.

15-24236
CDD: 658.3
CDU: 005.95/.96

2015
IMPRESSO NO BRASIL

Qualitymark Editora Ltda.	QualityPhone: 0800-0263311
Rua Teixeira Júnior, 441 – São Cristóvão	www.qualitymark.com.br
20921-405 – Rio de Janeiro – RJ	E-mail: quality@qualitymark.com.br
Tel.: (21) 3295-9800	Fax: (21) 3295-9824

SUMÁRIO

Agradecimentos VII
Prefácio XI
Introdução XIII

Capítulo 1 – Intuição nas Organizações –
É Possível?... 1

Capítulo 2 – Modelo de Gestão 7

Capítulo 3 – Missão e Potencialidade Pura 10
   O que é?.. 10
   Negócio ou Produto... 12
   Do Piano à Regência... 14

Capítulo 4 – Visão e Objetivos Estratégicos –
Intenção e Desejo.. 18
   Visão – Projetando o Futuro................................. 18
   Objetivos Estratégicos – Definindo a Intenção
      e o Desejo 19
   Da Estratégia ao Engajamento das Pessoas 21

Capítulo 5 – Gestão de Portfólio de Projetos –
Lei do Carma 23

Gestão de Portfólio de Projetos – Da Ideia à Ação 26
Métodos para Tomada de Decisão 28
Efetuando as Escolhas Certas 29

Capítulo 6 – Liderança – Lei do Distanciamento 32
A Liderança pelo Propósito e não pelo Marketing 33
Distanciamento do Ego 36
Envolvimento – Propriedade – *Head* –
  Impulsionadores 39
Desafios da Liderança 43

Capítulo 7 – Inovação – Lei da Doação 45
Inovando para Sobreviver ou Sobrevivendo
  para Inovar? 45
Investimentos no Propósito 48
Proporcionando Clima de Inovação 51
Promovendo a Metodologia de Criação e Inovação 53

Capítulo 8 – Gestão de Projetos e Processos –
Lei do Mínimo Esforço 56
Esforço Direcionado e Estruturado 56
Gerando Valor com Mínimo Esforço 63
Sinergia entre Processos e Projetos 67
Análise Técnica 70
Análise de Viabilidade Econômica Financeira 71

Capítulo 9 – Cultura Voltada para o Propósito –
Lei Propósito de Vida 72
Cultura no Propósito 72
Levando as Pessoas ao Propósito Individual e
  Organizacional 78
Construindo a Potencialidade Individual
  e Organizacional 79

Capítulo 10 – Caso GE Aviation Celma 83
Por que a GE Celma? 83
Entrevista com Julio Cesar Talon 84

Conclusão 92

AGRADECIMENTOS

Para mim é tão gratificante escrever este livro que não poderia deixar de agradecer e homenagear as pessoas que me inspiraram e ajudaram a chegar até aqui.

A meus pais, pela formação de princípios e valores pautados no amor e na humanidade.

À minha esposa, Roberta Martins, pelas leituras dos esboços, paciência, amor e respeito pelo meu trabalho e dedicação na leitura.

Ao meu amigo José Maurício Lenzi pelos cafés e debates à respeito do tema e ao meus queridos alunos do MBA que ministrei no período, me ajudando na troca de ideias.

Agradecer ao Júlio Talon pela generosidade da entrevista e todo o conhecimento e bondade compartilhada durante duas horas.

À Lúcia Helena da Silva Pereira, uma pessoa que despertou em mim a missão de potencialidade de escrita, para a produção desta obra.

À Mônica Freitas, que se tornou uma grande orientadora na minha formação como profissional e ser humano.

A Deus e ao Universo, por ter colocado em meu caminho todas as pessoas e necessidades para que este livro fosse escrito.

DEDICATÓRIA

Dedico este livro à minha linda filha Antonia, que ajudou a mudar a minha visão sobre o mundo e a vida.

PREFÁCIO

A Arte de Engajar Pessoas é um livro voltado para despertar nas pessoas e nas organizações o verdadeiro sentido dessa relação entre uma pessoa jurídica e uma física.

Milhões de pessoas no mundo todo saem todos os dias para trabalhar e não sabem exatamente o que de fato fazem, qual o seu papel na empresa e na sociedade e por que não, no mundo?

Essa mesma dificuldade de identidade e responsabilidade as organizações vivem. Perderam seus propósitos e se voltaram somente para o lucro a qualquer preço, deixando de lado as relações envolvidas e necessárias para o negócio em si.

Grande escritor e pensador indiano, Deepak Chopra escreveu *As sete leis espirituais para o sucesso*, que é a base deste trabalho, direcionado para as organizações, explorando as mesmas leis em formato de técnicas, ferramentas e comportamentos que podemos adotar nas empresas.

A Arte de Engajar Pessoas é um livro para repensar os padrões utilizados, buscando as mudanças necessárias para despertar verdadeiros propósitos organizacionais e de vida de pessoas, de modo a integrar intenções e ações.

Trabalhar conceitos humanísticos dentro das organizações é a chave para o engajamento das pessoas. Ninguém se compromete com qualidade, metas, lucro ou custos. Pessoas se comprometem com pessoas, e a intenção deste livro é despertar organizações e pessoas a pensarem e trabalharem para pessoas.

O mundo corporativo se tornou ambiente frio e calculista, voltado para dados e fatos, técnicas e ferramentas, relatórios e análises, estudos e pesquisas. Nada contra, inclusive abordo diversas técnicas e ferramentas para ajudar na junção dos propósitos, mas antes de tudo isso, são as pessoas que comandam tudo.

Pessoas sempre fazem trabalhos para pessoas e quero justamente despertar este sentido, unindo os aspectos analíticos das teorias com os aspectos intuitivos da vida real, com pessoas conectadas nas suas próprias potencialidades, nos seus dons e talentos, de modo a transformar suas dificuldades em desafios inspiradores para o seu próprio sucesso, da organização, da sociedade e do mundo.

INTRODUÇÃO

Este livro tem como propósito ajudar as pessoas e consequentemente as organizações, a explorarem o máximo de suas capacidades, seus dons e talentos, proporcionando uma maior utilização do nosso cérebro.

Quero chamar a atenção das pessoas e das organizações para o quanto podemos ter resultados surpreendentes com algumas atitudes extremamente fáceis de serem aplicadas, unindo a visão analítica com a perceptiva das pessoas.

E por falar em propósito, qual é o das organizações e os de vida das pessoas? Será que podemos juntar as coisas? Da mesma forma que as visões analíticas podem somar as perceptivas, quero aqui também juntar os propósitos organizacionais com os de vida das pessoas.

Somente alinhando os propósitos conseguiremos o verdadeiro engajamento das pessoas. Veremos que este livro não se trata de uma abordagem meramente comportamental dentro das organizações, mas alinhando uma visão analítica e técnica da gestão com a comportamental e cultural.

Sempre estudamos nas áreas da gestão e administração, teorias de forma separada, não efetuando as ligações para uma abordagem sistêmica e holística. Temos dificuldade na junção. Tratamos teorias como absolutas e não complementares umas às outras.

Este livro traz essa abordagem holística. Juntando analítico com perceptivo, técnico com comportamental, racional com cultural.

É uma grande dificuldade que temos no mundo corporativo, a cooperação, apesar de falarmos muito nela. Vemos o tempo todo equipes trabalhando isoladas, sem ligação com o propósito organizacional, com uma necessidade constante de provar que sua área é mais importante que a outra.

Essas dicotomias ocorrem principalmente nas próprias teorias de administração, que muitas vezes separam as visões e tornam as mesmas algo binário, ou se usa uma ou outra. Ou você tem um perfil analítico ou tem o perfil comportamental, ou trabalha na engenharia, e é rotulado como difícil de se relacionar, ou é da área de recursos humanos e tem sempre que manter a imagem das pessoas descolada e bem intencionada para o trabalho em equipe e o relacionamento.

Por que um engenheiro não pode ser tanto técnico quanto habilidoso nas relações? E a equipe de recursos humanos, por que não pode entender mais dos processos de negócios de suas organizações? Precisamos nos aproximar mais uns dos outros.

Este livro começa com uma reflexão de que estamos o tempo todo falando de pessoas, pois mesmo depois do estouro da bolha da NASDAQ e das *pontoscom* em 2001, os ativos intangíveis – os que não são mensurados pelo sistema financeiro da empresa – respondem por mais de 75% do valor das empresas. Esse dado é relacionado aos estudos de Kaplan e Norton em 2004.

E o que são ativos intangíveis? São uma junção de três tipos de capital: Humano, Organizacional e da Informação.

Ainda em 2004, os estudos de Kaplan e Nortan sobre estratégia levaram à conclusão que "Na maioria dos casos – estimamos 70% – o verdadeiro problema não é a [má estratégia]...é má execução".

Podemos observar que os estudo também nos remetem a uma conclusão de que a base para o sucesso na implantação das estratégias está na capacidade das empresas de gerenciar e utilizar os seus ativos intangíveis.

Não adianta termos grande ideias se não possuímos pessoas com conhecimento e competência para operacionalizá-las, como esbarramos nas dificuldades tecnológicas, mesmo quando temos pessoas extremamente capacitadas, porém sem ferramental.

Imaginemos que tenhamos pessoas e ferramentas tecnológicas para desenvolver os negócios e implantar as estratégias, porém se o capital organizacional, que é composto por cultura, liderança, alinhamento dos empregados, trabalho em equipe e gestão do conhecimento, não estiver voltado para estratégia, como poderíamos ter sucesso na sua implantação?

Uma pergunta existente no ar: qual o futuro da Apple sem o seu principal líder? Steve Jobs não representava somente o estratégico da empresa, mas toda a filosofia de uma organização voltada para inovação, criação, geração de valor e intuição. Isso mesmo, intuição.

Quais metodologias o mundo dos negócios desenvolveu para gerar guias relacionados à intuição? Melhores práticas para gerar intuições? Ainda não temos...

O mundo dos negócios está voltado para a racionalização. A utilização dos 10% do cérebro humano. E se invés de 10% pudéssemos usar 100%? Essa conquista somente é possível através das pessoas, que correspondem ao capital humano e organizacional.

As lideranças das organizações precisam buscar a intuição. De que forma podemos promover a intuição dentro das empresas? Peguemos como exemplo os conceitos de Gestão de Processos de Negócios, também conhecido como BPM – *Business Process Management*, que pode ser adotado como alicerce para implantação das estratégias.

O guia de divulgação das melhores práticas em BPM, promovido pela ABPMP – *Association of Business Process Management Professionals*, é o CBOK – Corpo Comum de Conhecimento em Gerenciamento de Processos de Negócios, voltado para ferramentas e técnicas para promover a gestão e processos de negócios dentro das organizações.

Muitas empresas usam esse guia, e até mesmo outros como PMBOK do PMI, como referência para ajudar na implantação das suas estratégias, porém não necessariamente atingem os resultados esperados.

E por que não conseguem atingir os resultados? Os guias não são bons ou adequados? Não. Na verdade, eles não são absolutos! São complementares...

O BPM (*Business Process Management*), está baseado em um conceito voltado para melhoria contínua dos processos, onde a modelagem, análise e desenho podem ser relacionadas diretamente com o planejamento das operações e dos processos a serem melhorados para geração de valor para estratégia.

Consequentemente, a execução desse planejamento está voltada para o gerenciamento de projetos de melhoria de processos, buscando a tão sonhada transformação dos processos.

Os resultados serão mensurados e avaliados na checagem do desempenho através do controle e monitoramento, com uso de indicadores de resultado e desempenho dos processos, fornecendo insumos para uma nova modelagem e análise de oportunidades de melhorias dos processos.

Cada vez que o ciclo é rodado estamos promovendo a maturidade dos processos...Será?

A provocação está relacionada a, muitas vezes, acharmos que as melhores práticas, as metodologias, são autossuficientes para o amadurecimento dos processos, bastando possuirmos formações e metodologias nestes conceitos para atingirmos os objetivos.

Porém, quando vamos para prática as coisas mudam um pouco, pois entra o fator humano. Ignoramos muitas vezes os dois capitais mais importantes (humano e organizacional), gerando desgastes, conflitos, *stress* e também um efeito colateral muito perigoso, a rotulação de que o conceito de BPM é algo sem valor agregado para as organizações e voltado para uma visão teórica e acadêmica.

Aqui entra a junção das coisas. Precisamos juntar o analítico com o perceptivo da cultura, das restrições, das visões de futuro intrínsecas nas equipes e da experiência de muitos líderes escondidos na organização, ou seja, líderes não declarados nos organogramas, mas extremamente eficientes e respeitados.

E se começarmos a usar os 100% do cérebro para reverter este quadro? A modelagem possui apenas técnicas para estruturar as nossas intuições, assim como a análise do processo, muitas vezes, possuem as ferramentas racionais, que não identificam oportunidades de negócios, ou até mesmo, melhorias relacionadas ao comportamento das pessoas em um processo de atendimento que pode fazer toda diferença.

Precisamos juntar as coisas, precisamos buscar a intuição com a razão, onde a primeira não pode ser esmagada pela segunda.

Será que as pessoas chave (capital humano) estão de fato trabalhando suas intuições para melhorar os processos? E as lideranças (capital organizacional), estão direcionando seus esforços para este capital humano? Para o poder da percepção, do *feeling* e da emoção, ou seja, da alma?

CAPÍTULO 1

Intuição nas Organizações – É Possível?

Deepak Chopra lançou o livro *As sete leis espirituais para o sucesso*, no qual ele nos apresenta regras que precisam ser respeitadas para alcançar os resultados desejados em nossas vidas. Independente das religiões ou crenças de cada um, gostaria de trabalhar aqui essas leis como comportamentos que podemos adotar nas organizações para alcançarmos os resultados.

Seguindo esta mesma linha, por que as empresas não poderiam trabalhar os seus ativos organizacionais (cultura, liderança, alinhamento dos empregados, trabalho em equipe e gestão do conhecimento) para as sete leis?

Antes de relacionarmos as sete leis a um modelo de gestão voltado para intuição e percepção nas organizações, vejamos dois pontos importantes:

1. **Cultura Organizacional:** está ligada diretamente ao comportamento das pessoas. Por mais que muitas organizações escrevam seus valores em grandes murais, muitas vezes na prática estes podem não ser respeitados, gerando um senso comum de os valores reais estarem na forma como as reuniões são conduzidas, as iniciativas são planejadas, os resul-

tados são apurados, as promoções são efetuadas e as demissões são atribuídas.

2. **Conhecimento das Organizações:** as *Learning Organizations*, segundo o professor e autor Peter Senge (1990), são organizações onde as pessoas expandem continuamente sua capacidade de criar os resultados que elas realmente desejam, em que maneiras novas e expansivas de pensar são encorajadas, a aspiração coletiva é livre, e as pessoas estão constantemente aprendendo a aprender coletivamente.

Observemos que na afirmação de Senge, temos a palavra "Desejo". Estamos falando da primeira Lei de Deepak Chopra. **A primeira lei** da Potencialidade Pura. Para Chopra, a potencialidade pura se apoia no fato de que somos, essencialmente, consciência pura. É nossa essência espiritual. É o campo de todas as possibilidades e criatividade infinita.

Você já deve ter visto nas redes sociais, vídeos da internet ou em programas de televisão, crianças extremamente talentosas em um instrumento musical sem nunca terem efetuado uma faculdade de música, ou até mesmo talentos excepcionais em atividades motoras ou físicas, sem terem tido grandes cargas de treinamento ou preparação física.

Do que estamos falando? Estamos entrando na potencialidade única que cada um de nós traz em nosso DNA. Cientificamente somos conhecidos por termos uma composição genética única. E por que não intuitivas e perceptivas também?

Cada um, por ser único, possui percepções e intuições únicas, que podem ser muito valiosas nos campos das ideias e da capacidade de criação.

Trazendo para o mundo corporativo, as empresas precisam identificar as suas habilidades mais fortes e únicas para conduzir seus negócios. Cada empresa possui sua forma específica de desenvolver seus produtos e serviços, por mais que tente copiar modelos de gestão ou práticas de mercado, jamais conseguirão copiar as pessoas e as lideranças.

Da potencialidade pura surgem três pontos: a missão da empresa com a razão de ser, a visão apontando para onde quer chegar e seus valores e princípios. Se copiarmos estes três pontos (Missão, Visão e Valores) de práticas existentes no mercado ou até mesmo, se definirmos apenas como uma boa prática sem relacionar com os desejos da organização, jamais atingiremos a potencialidade pura da empresa.

A segunda Lei é a da Doação. Para Chopra, esta lei está fundamentada na relação do dar e receber. Como podemos relacionar esta lei às organizações? Muito simples, vamos levar para o campo financeiro.

O capital das organizações é necessário para suportar o caixa, gerir os negócios e gerar valor para os acionistas. Porém, se a empresa focar apenas no "receber" e não no "dar", ela estará interrompendo o fluxo do capital que precisa girar para gerar a prosperidade.

Imagine o empresário que se preocupa apenas com o acúmulo de capital, efetuando economias não sustentáveis e pouco inteligentes, visando o resultado de curto prazo. Provavelmente não efetuará os investimentos necessários para o desenvolvimento organizacional, tanto nos processos de inovação, quanto de gestão operacional, gestão de clientes e gestão regulatória e social, não "dando" para receber futuramente.

Neste ponto iremos trabalhar aspectos relacionados a inovação, de modo a permitir a alternativa e cultura voltada para inovação dentro das organizações, estabelecendo métodos, ferramentas e processos para ajudar na criação e desenvolvimento de ideias criativas e inovadoras dentro das organizações.

A relação desses conceitos de inovação com a lei da doação também está relacionada ao desapego dos resultados, pois iniciativas de inovação somente geram frutos no médio e longo prazos, exercitando o conceito de doação, de giro de capital e de pensamento voltado para longevidade das organizações, e não do pensamento de curto prazo, imediatista e na maioria das vezes insustentável.

A terceira lei é a do Carma ou Causa e Efeito, que está fundamentada nos resultados que temos referentes às escolhas efetuadas no passado.

Efetuando um paralelo com o mundo corporativo, podemos entender que as empresas podem ter dificuldades inerentes a decisões do passado, porém, o paralelo está mais condicionado às escolhas feitas pelo estratégico para superar as crises, recessões no mercado e concorrências com produtos e propostas melhores.

Muitas vezes podemos atribuir as dificuldades à política de governo, dificuldade de impostos, apontar possível deslealdade da concorrência e por aí vai, porém podemos enxergar essas dificuldades como grandes oportunidades de melhorarmos e evoluirmos como instituição.

Um paralelo que iremos trabalhar no mundo corporativo como técnica para efetuarmos escolhas mais assertivas e voltadas para intenção e desejo da organização, está na gestão de portfólio de projetos.

Este conceito de gestão de portfólio de projetos será trabalhado com três conceitos analíticos da gestão: Mapas Estratégicos de Kaplan e Norton, como tradutores da intenção e desejos, Métodos para tomada de decisão, neste caso utilizaremos o AHP (*Analytic Hierarchy Process*) de Thomas Saaty, e os próprios conceitos de gerenciamento de projetos abordados pelo PMI (*Project Management Institute*).

A quarta lei se refere ao Mínimo Esforço. Esta lei está voltada para a descoberta da potencialidade pura.

Lembra da criança que não se formou em música, mas toca como uma grande estudante? Esta é a lei do mínimo esforço, quando colocarmos nossa criatividade para fora, conseguiremos alcançar resultados fantásticos sem grandes engenharias para isso.

Dentro das organizações, podemos atribuir que as grandes inovações estão relacionadas às ideias mais simples, *Post It*, Velcro...Quando conseguimos associar os talentos do capital humano com a estratégia das empresas, como por exemplo a necessidade de inovação, estamos criando pontes para a potencialidade pura, oriunda desse capital humano que poderá transformar e reinventar os negócios.

Nesta lei relacionei os conceitos de gerenciamento dos projetos e gestão dos processos como ferramentas para apoiar os esforços das equipes, de modo a tornar claro o esforço de forma estruturada e capaz de produzir resultados mais esperados, evitando retrabalhos e desperdícios de capital, tanto humano quanto financeiro, alinhando a ação a um propósito de vida ligado diretamente com o propósito organizacional.

A quinta lei está voltada para Intenção e Desejo. Para Chopra, esta lei está relacionada à capacidade que nós temos de transformar as intenções e os desejos em realidade.

Trazendo para o campo das organizações, o conceito de visão resultando em objetivos estratégicos e metas, precisa ser perseguido com disciplina e determinação.

Se pensarmos que muitas empresas não sabem quais são suas intenções e seus desejos, como poderemos criar os mecanismos necessários para transformar em realidade aquilo que não é declarado pelos seus líderes como intenção?

Outro ponto de atenção para esta lei está voltado para uma prática perigosa, as intenções e desejos da cúpula estratégica mudam de acordo com as dificuldades encontradas, gerando intenções muitas vezes voltadas para práticas não éticas, perdendo os valores, distorcendo a missão e abandonando a visão, ou seja, perdendo a sua potencialidade pura.

A sexta lei é a do Distanciamento. Chopra diz *No distanciamento está a sabedoria da incerteza...na sabedoria da incerteza está a libertação do passado, do conhecido, para o campo de todas as possibilidades, rendendo-nos a mente criativa que rege o universo.*

Para as empresas, as incertezas podem ser uma poderosa ferramenta para as melhorias, inovações, constante busca pelo aperfeiçoamento, mesmo depois das lideranças estabelecidas e resultados alcançados, pois o propósito está na essência em atingir realizações para humanidade, sociedade e consequentemente na viabilidade econômica e não no apego dos resultados financeiros somente, sem relação com os benefícios para as partes.

O conceito do *Triple bottom line* (tripé da sustentabilidade) associado ao Desenvolvimento Sustentável, tem muita ressonância, pois se propõe a trabalhar o equilíbrio entre Social, Ambiental e Econômico.

Estes conceitos não poderiam ser tratados de forma isolada da liderança. Entraremos em conceitos de liderança voltados tanto para propriedade quanto para as próprias lideranças formais e declarados no organograma da instituição e para as lideranças escondidas nas equipes, mas muito importantes com as suas experiências, opiniões e influências.

Na sétima e última lei do Propósito de Vida, Chopra diz que todos têm um sentido de vida, um dom singular ou um talento único a dar para os outros.

Os líderes precisam descobrir dentro das suas organizações os seus verdadeiros diferenciais, ou seja, o propósito de existência das organizações. Neste conceito muito voltado para a Missão da empresa, assim como a lei da Potencialidade única, é necessário entender o negócio da empresa, perguntando para que ela existe e qual a sua finalidade?

Aqui correlacionaremos os propósitos organizacionais com os propósitos de vida das pessoas, permitindo um casamento prefeito entre instituições e equipes, gerando o verdadeiro engajamento e a cultura voltada para atendimento da estratégia.

Se conseguirmos aplicar as sete leis de Chopra, no âmbito organizacional, quem sabe não estaremos aplicando a intuição nas organizações e iniciando um movimento de maior aproveitamento das pessoas?

CAPÍTULO 2

Modelo de Gestão

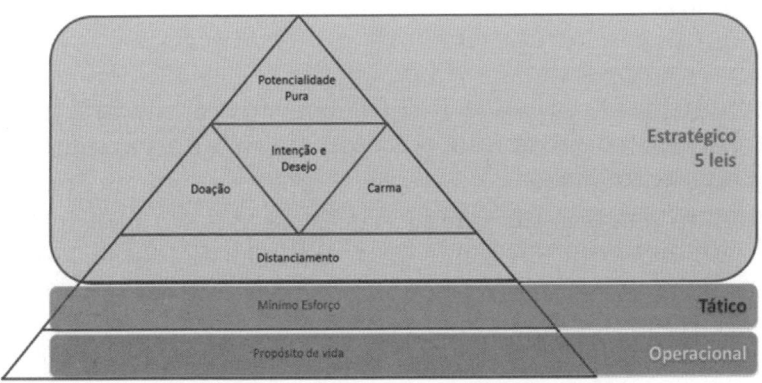

Base para Modelo de Gestão LEOP
(Liderança Estratégica de Organizações e Pessoas)

Se repararmos, temos cinco leis que estão no nível estratégico, ou seja, mais de 70% dos conceitos abordado precisam partir do estratégico, da liderança, formando um propósito organizacional.

O estratégico, alicerçado por cinco leis, representa o propósito organizacional, ajudando o tático e operacional a desenvolver ações nas suas operações para atender a este propósito.

Apesar do propósito organizacional e da clareza do caminho a percorrer, não necessariamente teremos o engajamento das pessoas e a criação de uma cultura voltada para atender aos objetivos e diretrizes estratégicas.

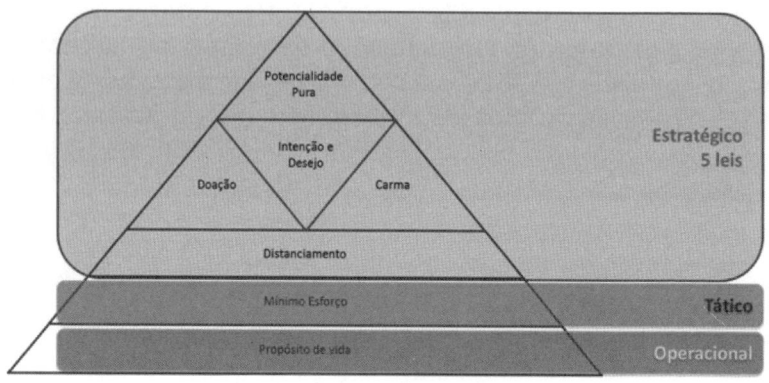

Modelo de Gestão LEOP.

A partir de agora, iremos entrar em cada lei ou prática de gestão, como preferir, para entender os caminhos e etapas que podem ser desenvolvidos para alcançarmos o sucesso nas organizações e nas pessoas.

É importante ressaltar que o modelo de gestão LEOP – Liderança Estratégica para Organizações e Pessoas – é uma proposta de referência para organização estratégica da empresa, sendo perfeitamente adaptado de acordo com as práticas, restrições, culturas e premissas da organização.

Imaginemos que uma empresa já possua dentro dos seus processos a prática de Mapas Estratégicos para definir suas estratégias e objetivos. Podemos partir deste modelo para efetuar o LEOP desta organização.

Ou até mesmo já está evoluída, com práticas voltadas para disseminação da cultura organizacional visando o atendimento dos objetivos estratégicos definidos em um exercício de BSC – *Balanced Scorecard*. Podemos usar estes conceitos, ferramentas e práticas para fazer referência ao modelo e encontrar os pontos de intercessão.

O importante é estabelecer modelos de gestão que sejam capazes de unir propósitos organizacionais e de vida, estabelecendo uma harmonia entre instituições e pessoas, de modo a rever conceitos, a mudar formas de liderar e mobilizar equipes.

Este modo de gestão tem por objetivo estabelecer quebras de paradigmas e concepções de conceitos isolados e rivais, voltando o olhar para uma gestão integrada entre visões analíticas e comportamentais.

CAPÍTULO 3

Missão e Potencialidade Pura

O QUE É?

Peter Drucker, considerado por muitos o maior guru da administração, tem uma definição sobre missão que gosto muito: *Uma empresa não se define pelo seu nome, estatuto ou produto que faz; ela se define pela sua missão. Somente uma definição clara da missão é razão de existir da organização e torna possíveis, claros e realistas os objetivos da empresa*

Essa definição de Drucker sobre missão nos traz uma atenção para o tema que muitas das vezes não é tratado com tanta seriedade pelas organizações. Quando entramos em algumas empresas, nos deparamos com algumas missões escritas nos quadros colocados nas paredes, porém em muitas organizações importantes não identificamos esses quadros.

O fato de a empresa descrever uma missão pode não ser o suficiente. O maior exemplo disso é quando estou em sala de aula, pois já atuo no magistério desde de 2004, no ensino superior e também na pós-graduação, quando preciso conceituar missão, efetuo duas perguntas. A primeira é: quem está no mercado de trabalho? Geralmente a maioria já atua. E a segunda é: quem nesta sala sabe descrever a missão de sua empresa? Surpreendentemente, na maioria das vezes, temos uma pessoa apenas descrevendo, mesmo assim com dificuldades...

Philip Kotler, outro grande nome da administração, principalmente no marketing, defende que *Uma missão bem difundida desenvolve nos funcionários um senso comum de oportunidade, direção, significância e realização. Uma missão bem explícita atua como uma mão invisível que guia os funcionários para um trabalho independente, mas coletivo, na direção da realização dos potenciais da empresa.*

Kotler aborda uma necessidade, além de descrever a missão é a publicidade que se deve tomar no âmbito organizacional, trazendo os funcionários para o contexto da importância da missão e o quanto esta pode ajudar no direcionamento de decisões e ações em todos os níveis organizacionais, estratégico, tático e operacional.

Quando li o livro do Deepak Chopra, a primeira lei da potencialidade pura me chamou a atenção para este conceito de missão que estamos trabalhando, pois ele nos remete a identificar quais são nossas potencialidades, habilidades e talentos que precisam ser descobertos para expressarmos nossa vocação.

A organizações não são diferentes disso em suas potencialidades e talentos únicos, portanto, não podem descrever missões de formas isoladas dessas potencialidades.

Se descrevermos missões desconectadas das potencialidades organizacionais, teremos belos textos de missão, porém não disseminados, seguidos ou mesmo desconhecidos pelas pessoas.

É fundamental disseminar sobre a missão das empresas dentro das organizações. Imagine se todos pudessem de alguma forma contribuir para a missão da empresa.

A contribuição poderia ser desenvolver o texto ou até votar para aquela alternativa que melhor reflete a potencialidade da empresa.

As pessoas aprendem fazendo e praticando os conceitos, ou seja, vivenciando na prática.

Quando ministro aulas de gestão, é muito claro para mim que os maiores aprendizados que consigo transmitir não estão nas minhas falas ou textos, mas sim na vivência de conceitos.

A primeira vez que fui ministrar uma aula sobre Governança Corporativa em curso de pós-graduação fiquei pensando como poderia passar para a turma os conceitos tão novos, abstratos e ao mesmo tempo contemporâneos para a época.

Minha estratégia foi, além do material textual, desenvolver um estudo de caso, onde separo a turma em quatro grupos (Conselho de Administração, CEO, Diretoria e uma Consultoria que tinha efetuado um diagnóstico da empresa), cada um com expectativas e objetivos distintos.

Eles vivenciam os problemas da governança e muitas vezes aprendem mais do que com a visualização dos slides ou artigos apresentados, pois vivem personagens expressando comportamentos na dinâmica de apresentação dos casos.

Precisamos trazer o capital humano para próximo do conceito, criando uma cultura voltada para cooperação e entendimento da essência das organizações. Esse movimento não é fácil e nem rápido.

"Definir a missão de uma empresa é difícil, doloroso e arriscado, mas é só assim que se consegue estabelecer políticas, desenvolver estratégias, concentrar recursos e começar a trabalhar. É só assim que uma empresa pode ser administrada, visando um desempenho ótimo."

Peter Drucker

NEGÓCIO OU PRODUTO

Quando estamos falando de missão, muitas empresas associam a razão de ser aos produtos que comercializam ou possuem em seu portfólio. Se você faz essa associação, mude! As empresas não podem restringir suas ações aos produtos que oferecem. A missão, por estar condicionada à potencialidade pura, vai além, ela está ligada ao negócio, independente dos produtos ou serviços que são comercializados no momento.

Vamos para a potencialidade pura para explicar este ponto. Quando menciono as potencialidades de uma criança que com três anos de idade toca piano, neste momento este é seu portfólio associado à potencialidade existente, porém não está condicionada ou restrita a somente a tocar piano. A potencialidade dela não é tocar piano. A potencialidade é música, pode ser piano hoje, amanhã violino, mais à frente flauta, violoncelo e porque não, ser maestro de uma orquestra sinfônica?

As empresas restringem a missão ao seu portfólio de produtos, justamente por não conhecerem suas potencialidades, seus talentos e suas capacidades, restringindo suas inovações ao que já fazem.

O que aconteceu com as empresas fabricantes de *Pager*? O famoso *Beep*.

Antes dos aplicativos de mensagens instantâneas de hoje, vivemos a era dos *pagers*.

Na década de 70, aparece um aparelho extremamente inovador no mercado para atender profissionais que precisavam de uma forma de comunicação portátil e 100% presente, como médicos, cirurgiões e prestadores de serviço.

Emitiam um alerta e o usuário devia ligar para uma central de telemensagem para checar os recados.

Com a evolução natural dos aparelhos, eles passaram a receber mais do que sinais de alerta. No final dos anos 80 começaram a aparecer os *Pagers*, capazes de receber mensagens de texto.

No final de década de 90, apareceram até aparelhos capazes de enviar respostas pré-programadas e de tocar mensagens de correio de voz. Mas já era tarde demais, os telefones celulares chegaram com tudo e devastaram os *pagers* do mercado.

Este é o exemplo de que o foco estava na inovação dentro do produto e não do negócio. A empresa não despertou que o seu negócio era telecomunicações e não *pager*.

Será que se a missão da empresa refletisse sobre o seu negócio e as equipes tivessem isto de forma clara e cultural, as inovações, as ideias criativas, não poderiam ter sido voltadas para o mercado de telecomunicações de uma forma geral?

A missão é muito mais do que um texto, ela reflete toda a potencialidade pura da empresa, ela não pode ser voltada apenas para tocar pianos, precisa reger a orquestra sinfônica.

Do Piano à Regência

Não existe sucesso infinito se não estivermos em contato constantemente com as nossas potencialidades e não com o que fazemos.

Deepak Chopra, em uma de suas obras, aponta que *Em sua enorme veneração do sucesso material, a sociedade deixa escapar uma profunda verdade: o sucesso depende do que somos e não do que fazemos.*

O que fazemos é uma consequência do que somos. Quando as organizações entenderem isso, darão o devido valor para o conceito de missão e sua proposta.

Um exemplo de como podemos chegar na regência é a ancoragem na proposta organizacional, mais ainda que nos resultados. Empresas focadas 100% nos resultados tendem a desaparecer em um espaço de tempo mais rápido do que imaginamos.

A relação entre os investidores e os executivos envolvidos no processo de maximização dos retornos positivos, tanto para a empresa quanto para o bolso dos investidores, está relacionada diretamente à dificuldade de se obter objetivos semelhantes e que satisfaçam ambas as partes.

Existem formas de minimizar os conflitos entre gerentes e investidores, com estruturas voltadas para monitorar e vincular os mecanismos, os gerentes asseguram que as decisões tomadas são de interesse do investidor também, sendo assim uma forma de reduzir os riscos e aumentar a cumplicidade dos investidores nos processos decisórios das organizações.

É inevitável que as empresas dependam do capital de seus investidores, porém não podem perder o controle com relação às decisões vinculadas à missão da organização e partindo para caminhos e ações de interesses somente de seus investidores.

Contudo, é necessário por parte dos diretores buscar formas de equilibrar os interesses de retornos a curtos prazos dos investidores por resultados de longos prazos e mais sustentáveis que as organizações necessitam.

Expandir o portfólio de captação de recursos como forma de minimizar os riscos pode ser uma alternativa interessante tanto para investidores quanto para gestores, pois diminuiria o poder de decisões dos investidores, adquirindo mais autonomia para a gestão coordenar as atividades organizacionais, estabelecendo um caráter mais corporativo do que político dentro da organização.

Um problema que pode surgir é a redução do capital investido na empresa, mas uma campanha focada na transparência e ética, buscando a governança corporativa como forma de credibilidade, poderia atrair investidores que não estejam dispostos a correrem altos riscos, e a empresa conseguiria o capital desejado com a quantidade e não com um grupo poderoso, que certamente influenciaria na tomada de decisão da mesma.

Se não tivermos ações que extrapolem no âmbito da gestão, transcendendo esses conceitos para o âmbito da propriedade, trazendo a visão de governança ancorada na proposta, a tendência é de não termos organizações prósperas no futuro, e com crises de identidade, sem saber sua missão e seus objetivos, gerando uma grande dificuldade de sustentabilidade no mercado.

Vejamos os casos das organizações com uma proposta de desenvolvimento sustentável. Estas possuem objetivos muito claros de foco em três grandes perspectivas de atendimento: ambientais e sociais – o tripé do desenvolvimento sustentável.

✓ Na área social – com iniciativas em responsabilidade social que beneficiam a comunidade.
✓ Na área ambiental – com iniciativas para encampar ações voltadas à preservação ambiental.
✓ Em administração empresarial – baseada na transparência, ética, prestação de contas e no tratamento igual entre cotistas e acionistas.

Na Conferência de Brundtland, 1987, o conceito de Desenvolvimento Sustentável foi citado como *desenvolvimento que satisfaça as necessidades do presente sem comprometer a habilidade das gerações futuras em satisfazer suas próprias necessidades.*

Esses conceitos estão voltados para um propósito organizacional e não somente para atendimento das necessidades econômicas, deixando de lado os demais fatores de gestão tão importantes como social e ambiental.

Este desafio da necessidade de equilibrar ações do *triple bottom line* (social, ambiental e econômico), pode estar muito claro quando uma empresa não atua no meio ambiente e no social, provavelmente não se tornará sustentável economicamente.

Não se pode apenas pensar na esfera econômica, mas as ações do meio ambiente e social, apesar de serem suportadas pela econômica, geram benefícios para a companhia que podem se traduzir no lucro.

Estas propostas organizacionais não podem estar vinculadas somente à gestão dos negócios (CEO), mas precisam ser trabalhadas também pela propriedade, trazendo o conceito de Governança Corporativa que gera valor e vantagem competitiva, através da atuação do seu Conselho de Administração.

Para Ram Charam, escritor do livro *Governança Corporativa que produz resultados* e consultor, *Os conselhos de Administração começaram a evoluir na época de passividade anterior a Lei Sarbanes-Oxley. Naqueles tempos, esses órgãos eram* **ritualistas***, pois existiam para cumprir a legislação, de maneira superficial.*

A lei Sarbanes-Oxley empurrou muitos conselhos de administração para uma segunda fase evolutiva; os conselheiros se tornaram ativos e **liberados** *dos CEOs, sob cujo domínio se encontravam até então.*

Mas os conselhos de administração ainda precisam evoluir para um terceiro estágio, quando os conselheiros proativos finalmente passarão a interagir como equipe e finalmente se tornam ***progressistas****.*

A missão de uma empresa é o reflexo de suas lideranças, isso inclui os representantes pela propriedade, sem o envolvimento de todos não deixaremos de tocar o piano para reger a orquestra.

CAPÍTULO 4

Visão e Objetivos Estratégicos – Intenção e Desejo

VISÃO – PROJETANDO O FUTURO

Peter Senge acredita que *As visões se baseiam na realidade da empresa, mas visualizam uma realidade futura. Através dela é possível explorar as possibilidades e as realidades desejadas. Assim elas se tornam a estrutura para o que a empresa quer criar e o que as orientam para fazerem escolhas e compromissos de ação. E apesar de seu conceito ser bem claro, não há uma fórmula pronta para encontrar a visão de uma organização, visto que seu processo de construção é muito particular de cada empresa.*

A visão organizacional de uma empresa é onde queremos chegar no final de uma viagem a ser efetuada, não necessariamente definimos os caminhos a serem percorridos e os meios para percorrer este caminho.

Podemos concluir que o conceito de visão é a capacidade de projetar a empresa no futuro.

Neste capítulo faremos o paralelo com a quinta lei de Deepak Chopra, da Intenção e Desejo, juntando dois conceitos que são complementares, a visão estratégica e a derivação desta em objetivos estratégicos.

Não podemos pensar em visão sem entrar também nos conceitos relacionados a estratégia organizacional, que pode derivar em objetivos estratégicos.

OBJETIVOS ESTRATÉGICOS – DEFININDO A INTENÇÃO E O DESEJO

Kaplan e Nortan lançaram o livro Mapas Estratégicos em 2004, formatando a ferramenta do BSC, *Balanced Scorecard*.

A ferramenta possui o conceito de mapas estratégicos, que divide a organização em quatro grandes perspectivas (financeira, mercado, processos internos e crescimento e aprendizado) em uma relação de causa e efeito entre os objetivos estratégicos definidos.

Uma estrutura de mapa estratégico, assim como o painel de indicadores, metas, recursos e responsabilidades, podem ser utilizados para controle e monitoramento da estratégia.

Outra característica dos mapas estratégicos está na sua estrutura, as perspectivas financeiras e de mercados, possuem objetivos estratégicos voltadas para "o que fazer", enquanto que as perspectivas de processos internos e crescimento e aprendizado possuem objetivos estratégicos voltadas para "como fazer".

Para efeito de controle e monitoramento, os indicadores estão divididos em dois tipos: indicadores de resultados, correspondentes às medições dos objetivos estratégicos das perspectivas financeira e de mercados, e os indicadores de desempenhos voltados para as perspectivas de processos internos e crescimento e aprendizado.

Os mapas estratégicos baseiam-se em alguns princípios:

✓ A estratégia equilibra forças contraditórias.

Os investimentos em ativos intangíveis para aumentar a receita a longo prazo não raro conflitam com o corte de custos para melhorar o desempenho financeiro a curto prazo.

✓ A estratégia baseia-se em proposição de valor diferenciada pelos clientes.

A proposição de valor composta por quatro tipos: baixo custo total, liderança do produto, soluções completas para os clientes e aprisionamento.

✓ Cria-se valor por meio dos processos internos.

Responsáveis por impulsionar a estratégia, juntamente com a perspectiva de aprendizado e crescimento.

✓ A estratégia compõe-se de temas complementares e simultâneos.

Cada grupo dos processos internos fornecem benefícios diferentes e complementares.
Gestão operacional – Curto prazo;
Relacionamento com clientes e Inovação – Médio Prazo;
Aprimoramento dos processos Regulatórios – Longo Prazo.

✓ O alinhamento estratégico determina o valor dos ativos intangíveis.

O valor dos ativos intangíveis, que decorre do grau em que tais recursos contribuem para realização da estratégia, não podem ser medidos de maneira separada e independente.

Um dos principais objetivos de Kaplan e Norton com os mapas estratégicos e a construção de *Balanced Scorecard*, era fornecer uma poderosa ferramenta de visão holística da estratégia de uma organização, além da utilização de um painel de indicadores interligados para controlar e monitorar os resultados da estratégia implantada.

Da Estratégia ao Engajamento das Pessoas

Conseguir reunir as expectativas, necessidades de visões da competência e equipes de suas organizações em uma única visão, talvez seja a maior dificuldade encontrada pelos executivos.

Essa lacuna era o foco de suprimento dos estudos de Kaplan e Norton, porém entendo que algumas lacunas permaneceram, como os meios necessários para implantação da estratégia.

Imaginemos que as empresas façam o dever de casa e consigam definir sua missão (abordada no segundo capítulo), visão e utilizem a ferramenta do BSC – *Balanced Scorecard*) para mapear sua estratégia e definir seus objetivos.

A visão e os objetivos estratégicos estão voltados para apontar onde queremos chegar e quais conquistas precisamos ter ao longo deste caminho.

Um exemplo para isso seria uma viagem do Rio de Janeiro para São Paulo em quatro horas, através da rodovia Presidente Dutra, percorrendo 400 km, com objetivo de velocidade média de 100 km/hora, com definição dos recursos, os meios e as competências necessárias para alcançar esses objetivos, como o motorista necessário, o veículo que melhor atende as necessidades, o combustível mais adequado, as contingências de trajetos em caso de engarrafamentos e bloqueios de estrada por acidentes.

Reparem que definimos a visão de futuro e os objetivos necessários para serem alcançados durante o trajeto, porém falta definir como desenvolver as competências e os projetos necessários para atingir os objetivos. Do que estamos falando? Estamos falando em transformar as ideias necessárias para atingimento dos objetivos em grandes planos de ação e consequentemente projetos estratégicos.

Os projetos não são trabalhados nos mapas estratégicos, mas sim em um conceito de gestão de portfólio de projetos, ainda pouco trabalhado e explorado nas organizações.

A lacuna que queremos preencher é como o mapa estratégico pode derivar em diversos projetos e planos de ação para atingir diversos objetivos estratégicos.

Ou seja, estamos entrando em um conceito primordial para a excelência em gestão. A capacidade de priorizar. As empresas não conseguirão efetuar todos os seus projetos, pois não possuem recursos tanto financeiros como humanos para isso.

Portanto, precisamos ter a capacidade de definir o que é mais estratégico (importante) para as organizações nesse exato momento.

Assim, quando efetuamos o exercício de definição de uma visão para alcançar a missão, através de um mapa estratégico, derivando em objetivos estratégicos e indicadores, estamos definindo a intenção e o desejo das organizações.

Estamos deixando de forma clara e objetiva o que é mais importante para a organização naquele momento e trazendo as pessoas para o foco da empresa.

Quando trabalhamos estes conceitos, não estamos somente definindo a estratégia, mas também criando uma equipe coesa e focada, pois se sabemos para onde queremos ir, fica mais fácil a mobilização das pessoas para alcançar esses objetivos.

Um exemplo de alinhamento entre a estratégia e as pessoas é o plano de metas, que pode ser estabelecido para as equipes de acordo com os objetivos definidos.

Este mesmo plano pode ser refinado com a aplicação dos conceitos de Gestão de Portfólio de Projetos.

Portanto, a Lei Intenção e Desejo abordada por Deepak Chopra, nos ensina a focar e mentalizar as nossas intenções e desejos, pois se tivermos isso em mente e coração, seremos perfeitamente capazes de conquistarmos.

O mesmo paralelo acredito nas organizações, com a junção dos conceitos de Visão, Objetivos e Estratégicos e Gestão de Portfólio de Projetos.

Estes conceitos trabalham as ferramentas para engajar as pessoas, mas elas por si só não são suficientes, não são absolutas. Precisamos mais uma vez alinhar os objetivos aos propósitos organizacionais e de vida.

CAPÍTULO 5

Gestão de Portfólio de Projetos – Lei do Carma

Quando temos claramente o que somos e para onde vamos, seguidos das conquistas necessárias para chegar no final dos percursos traçados, as expectativas são as melhores possíveis, mas não são suficientes para o sucesso da estratégia.

Como mencionado na introdução deste livro, afirmado pelos próprios Kaplan e Norton em 2004, em 70% dos casos, o grande gargalo para o sucesso da estratégia não está na estruturação das ideias, mas sim na execução equivocada.

Esta é a constatação que queremos mudar com os conceitos abordados neste capítulo.

O conceito de Gestão de Portfólio de Projetos está voltado para canalizar e direcionar os esforços necessários para implantação da estratégia idealizada e estruturada.

Quando definimos os objetivos estratégicos, que pode ser utilizando os conceitos dos mapas estratégicos sugeridos por Kaplan e Norton ou por outra forma de definição, como o próprio planejamento estratégico, estamos definindo um norte e o caminho a percorrer, porem falta responder algumas perguntas:

1. Temos os recursos necessários para cumprir todos os objetivos estratégicos?
2. Quais são os objetivos mais importantes?
3. Como é a relação de preferência dos objetivos para a alta gestão?

Provavelmente as organizações não possuem as respostas. Estamos abordando uma grande questão a ser tratada neste capítulo, muitas vezes todas as etapas estratégicas (missão, visão, estratégia e objetivos) são executadas, ou seja, a diretoria faz o seu trabalho de definição de todos os passos citados, porém não necessariamente se obtém sucesso na implantação.

Um grande exemplo é quando a diretoria se tranca em hotéis finais de semana para definição da estratégia e seus objetivos, porém quando voltam para empresa, a estratégia não se concretiza nas ações das equipes. Quem nunca passou por uma experiência deste tipo?

A dificuldade está exatamente na ligação dos objetivos estratégicos com as ações e iniciativas para cumprir esses objetivos. A gestão de Portfólio de Projetos relacionada à lei do carma, pode ser uma grande ferramenta para preencher este *gap*.

Por que a relação com a lei do carma? Para Deepak Chopra, a lei do carma está condicionada a escolhas efetuadas em nossas vidas que geram as consequências vividas no presente. Na própria definição isso se torna claro: "Quando você faz uma escolha, você muda o futuro".

E as organizações, estão conseguindo fazer as escolhas certas?

Um dos principais desafios das organizações está na sua capacidade de fazer escolhas certas e relacionando com as diretrizes estratégicas.

Muitas vezes, quando os objetivos estratégicos são definidos e divulgados para as equipes táticas, começamos a constatar diversas ações ou planejamentos para desenhar iniciativas capazes de atingir os objetivos.

O grande desafio aqui é definir quais iniciativas são as mais assertivas para cumprimento da estratégia, ou seja, estamos falando de escolhas. Na linguagem corporativa, podemos entender como a capacidade de priorizar.

As empresas precisam efetuar escolhas, precisam priorizar suas iniciativas, caso contrário não terão como fazer todas as iniciativas, provavelmente faltarão recursos humanos e financeiros.

Aqui entramos em um outro desafio. As empresas, muitas vezes, utilizam várias metodologias para ajudar a executar as iniciativas.

A estruturação de um plano de negócios, implantação de processos de gerenciamento de projetos, gestão de processos de negócios, governança, são exemplos dessas metodologias citadas.

Antes mesmo de estruturar as metodologias para implantar essas iniciativas, é necessário efetuar as escolhas certas e relacionar tais iniciativas, trazendo uma visão interligadas de todas as metodologias, estabelecendo uma visão coesa e que justifique os esforços.

Um exemplo pode nos ajudar. No capítulo quatro, citei os mapas estratégicos que possuem objetivos. Imagine que uma unidade de negócio tenha interpretado algum objetivo de forma equivocada, ou até mesmo surgiram duas ou três iniciativas para atingir o mesmo objetivo estratégico, porém com equipes diferentes.

Quando estes fatos ocorrem é um sintoma de que as empresas não estão priorizando as suas iniciativas e desperdiçando orçamento e esforço humano nos níveis tático e operacional.

Por mais que as organizações possuam metodologias de gerenciamento de projetos, processos e governança, podemos estar fazendo de maneira certa as iniciativas erradas.

Precisamos fazer certo as iniciativas certas, e isso só é possível com a gestão de portfólio de projetos, ou podemos chamar também de iniciativas estratégicas.

Se conseguimos gerir as iniciativas, efetuando as escolhas certas, priorizando, veremos que não somente estaremos trabalhando para resultados mais concretos nas organizações, como também para criação da cultura organizacional voltada para atendimento da estratégia.

Gestão de Portfólio de Projetos – Da Ideia à Ação

A estratégia precisa ser revertida em resultados. As iniciativas estratégicas, traduzidas em projetos e melhorias de processos, são a forma como as empresas costumam desenvolver suas ações para atender aos objetivos estratégicos.

Os projetos podem ser a grande ligação entre os objetivos estratégicos e os resultados alcançados; com a gestão de portfólio estabeleceremos uma visão voltada para efetuar as escolhas certas, ou seja, os projetos certos ou iniciativas estratégicas certas.

Quando as organizações aplicam os conceitos de Gestão de Portfólio, estão efetuando um processo voltado para priorização das iniciativas, de modo a identificar aquelas que melhor atendem aos objetivos estratégicos, estabelecendo uma cultura de gerenciamento de projetos, fazendo certo os projetos certos.

Para o estabelecimento da cultura de gerenciamento de projetos, precisamos entender quais projetos deverão ser executados para atender a estratégia. Melhor, precisamos saber quais são as ideias que precisam se tornar projetos, para atender a estratégia.

Essa diferença de projetos para ideias é proposital, pois nem todas as ideias deverão virar projetos. Queremos minimizar os esforços desordenados e as ações sem sentido para atingimento dos objetivos estratégicos.

Como criar uma forma que evite o desperdício de esforços? Estabelecendo um instrumento para avaliação das ideias aos objetivos. Esse instrumento seria o *caso de negócio*.

Os casos de negócio são um suporte à tomada de decisão e ferramenta de planejamento que projetam resultados financeiros e outras consequências esperadas de uma iniciativa de negócios.

Os casos de negócios são diferentes de planos de negócios. Os casos são mais pragmáticos e direcionados para o retorno financeiro e apoiadores para tomada de decisão.

A estrutura de um caso de negócio deve conter: introdução e visão global, métodos, pressupostos e premissas, impactos no negócio e nas opções, e cenários contendo dados tangíveis e intangíveis, riscos, sensibilidades e contingências, e as devidas conclusões e recomendações.

Os planos de negócios são mais complexos e mais abrangentes, necessitando às vezes de um projeto para elaboração de um plano.

Um plano de negócios para implantação de uma nova filial pode ter um projeto de construção do plano de negócios que se desdobraria em um trabalho de seis meses de estudo e pesquisa para estruturação das ideias, oportunidades e informações para concretização do plano.

Os casos de uso são documentos mais voltados para decisão se devem ser levados adiante ou não, gerando um projeto ou um plano de ação dentro da organização, para atingimento de um objetivo.

Não necessariamente todas as iniciativas trabalhadas através dos casos de negócio se transformarão em projetos. Podemos ter iniciativas que irão virar ações pontuais.

Quando a empresa passa por um processo de auditoria, por exemplo, gerando uma série de ações necessárias para mitigação dos pontos de riscos apontados pela auditoria, podem ser tratadas como melhorias pontuais de processos e definição de controles internos, que podem estar condicionadas às equipes sem necessidade de abertura de um projeto.

Como poderiam ser identificadas as demandas (iniciativas), se não tivéssemos o instrumento dos casos de negócios? Estes serão os responsáveis pela ligação da estratégia à ação.

Estabeler um processo como forma de ligação da estratégia à ação, definindo um passo a passo para análise das ideias, com intuito de fornecer informações básicas para tomada de decisão e priorização das iniciativas estratégicas dentro das organizações, é o caminho para identificar as escolhas certas.

Os casos de negócios que apresentarem as informações mais aderentes à estratégia, serão consequentemente priorizados.

Os casos de negócio são exemplo de instrumentos para fornecer os insumos necessários para relacionar os projetos (iniciativas) aos objetivos estratégicos, com a utilização de métodos para tomada de decisão.

Quando adotamos um método para tomada de decisão, este não tem como intuito questionar se a estratégia está correta ou errada, apenas mostrar quais projetos estão mais aderentes aos objetivos estratégicos.

Não cabendo aos métodos a análise da estratégia, mas sim do processo de definição de gestão de portfólio.

Métodos para Tomada de Decisão

Existem vários métodos para tomada de decisão no mercado. Meu objetivo não é debater o tema neste livro, apenas despertar para as possibilidades de ferramentas para auxiliar nas escolhas certas.

Minhas experiências com esses métodos são as mais variadas possíveis, pois tenho clientes que entenderam perfeitamente a ideia porém tiveram dificuldades de operacionalizar, devido muitas vezes à complexidade de cálculos que esses métodos trazem, impactando diretamente os interesses das pessoas que tomam as decisões.

O processo de decisão tem se tornado muito dinâmico, e muitas vezes a aplicação de um método matemático sem a devida estrutura, ferramenta e cultura, pode atrapalhar mais do que ajudar.

De qualquer forma, 1 os métodos e defendo a aplicação destes, desde que as premissas citadas de estrutura, ferramentas e cultura sejam devidamente trabalhadas.

Um método bastante interessante é o AHP – *Analytic Hierarchy Process* (Análise Hierárquica) – desenvolvido na década de 1970 por Thomas L. Saaty e extensivamente estudado a partir dessa época.

A utilização do AHP se inicia pela decomposição do problema em uma hierarquia de critérios mais facilmente analisáveis e comparáveis de modo independente.

Efetuar as escolhas certas através de métodos matemáticos é ir de encontro à minha tese neste livro. Precisamos juntar os conhecimentos nas organizações.

Tomar a decisão com base em métodos matemáticos é como comprar um carro baseado apenas no seu preço, poder de revenda, custo de manutenção, seguro e outras informações mais pragmáticas.

Se fosse assim ninguém compraria uma Ferrari ou um Porsche, pois o preço seria muito alto em relação às outras opções, e a manutenção e seguro nem se fala.

Porém, onde fica o prazer ao dirigir? O sonho de ter uma Ferrari ou um Porsche? As empresas também precisam sonhar, pois são feitas de pessoas, e pessoas só se engajam por causas que despertem nelas sonhos, desejos e propósitos.

Fazer projetos visando somente números é ignorar o principal insumo para os projetos darem certo, as pessoas.

Não quero dizer que os métodos não ajudam, apenas precisam ser entendidos como uma referência, somente isso, uma referência, repito!

Não podemos nos agarrar às ferramentas como verdades absolutas, elas são apenas ferramentas, as pessoas é que farão toda a diferença nas decisões.

Os métodos não são capazes de identificar a potencialidade da empresa para fazer determinados projetos, ou até mesmo a percepção de uma mudança no mercado que apenas aquele líder visionário que está em contato com o todo consegue ver.

Mais uma vez, as pessoas aparecem como o cerne das questões, e por mais que desenvolvamos métodos, metodologias e ferramentas, estamos sempre falando de referências para que as pessoas executem seus trabalhos e jamais sejam substituídas.

EFETUANDO AS ESCOLHAS CERTAS

Quando temos de forma clara e tangível os objetivos estratégicos, conforme apontado, podemos iniciar o movimento de avaliação da aderência das iniciativas estratégicas.

No início deste capítulo, mencionei os casos de negócios, como um instrumento fundamental para apoio na avaliação das iniciativas com a aderência dos objetivos estratégicos.

Assim, com os casos de negócios e a matriz dos objetivos decifrados em números, conseguiríamos ranquear os projetos ou iniciativas mais importantes para a instituição.

Vamos imaginar duas iniciativas: uma relacionada à implantação de um sistema de controles internos para mitigar riscos organizacionais e outra relacionada à melhoria do processo distribuição dos produtos.

Precisamos avaliar o quanto estas iniciativas estão aderentes aos objetivos estratégicos definidos e se em caso de necessidade de racionalização de recursos, tenhamos que definir qual deve ser iniciado primeiro.

Assim, poderíamos avaliar a aderência estabelecendo uma escala de notas de 0 a 5 para atribuição de uma nota à iniciativa com relação a cada objetivo estratégico e consequentemente a cada perspectiva mapeada.

Essa escala de aderência é apenas para efeito de exemplo, podendo ser alterada e definida de acordo com a cultura e informações disponíveis em cada organização.

Esse movimento de avaliação precisaria ser efetuado pela equipe responsável pela definição da estratégia, estabelecendo um comitê capaz de avaliar a aderência dos projetos.

Não podemos deixar de considerar que em alguns casos a diretoria acaba delegando essa função para equipes abaixo, o que pode acarretar conflitos de interesse, se quem avalia for a mesma unidade que possui interesse em que o projeto seja aprovado.

Por isso, a importância da diretoria ou gerência executiva em um nível mais estratégico ser responsável por essa análise.

O ideal seria estabelecer um comitê, dividindo as competências, tendo membros com conhecimentos de finanças, marketing, operações e pessoas, de forma a equilibrar as forças e evitar as tendências para apenas um ponto de vista da estratégia organizacional.

A coordenação dos trabalhos do comitê, e consequentemente a gestão do processo de recebimento dos casos de negócios e preparação da base para apresentação ao comitê, poderia ser de um escritório de projetos.

Essa atuação do escritório de projetos seria uma atuação estratégica, voltada para alinhar os projetos aos objetivos, porém de forma neutra e de apoio aos tomadores de decisão, não como uma unidade responsável pelas decisões.

Obviamente que a diretoria possui algumas percepções que o modelo pode não conseguir captar e consequentemente decidir pela priorização de um projeto com a pontuação inferior a um projeto com pontuação superior.

A grande questão é que o modelo ajuda a focar a análise, onde ao invés de ter que decidir entre diversas iniciativas, parte de uma referência já trabalhada e estruturada com os objetivos definidos e tidos como a intenção e o desejo.

A gestão de portfólio pode ser um grande suporte para efetuar as escolhas certas e proporcionar uma cultura voltada para atendimento da estratégia organizacional.

CAPÍTULO 6

Liderança – Lei do Distanciamento

Imagine trabalhar em uma organização onde a liderança está totalmente voltada para o propósito organizacional, libertada da necessidade constante de autopromoção, marketing pessoal e geração de resultados de curto prazo, possibilitando uma visão holística de gestão de pessoas, mobilização de equipes e foco na realização e trabalho em equipe.

Quantas empresas você conhece que possuem líderes com essas características?

Neste capítulo iremos trabalhar exatamente essas características e constatar que é mais do que uma tendência das lideranças, é uma postura fundamental para o sucesso e prosperidade das organizações e das pessoas.

A relação da lei do distanciamento com o conceito de liderança aqui tem muita semelhança, pois ambos são o alicerce para alcançar os objetivos e metas ou intenções e desejos.

Deepak Chopra conceitua da seguinte forma: "Segundo esta lei, para se conseguir qualquer coisa na natureza é preciso desistir do apego a ela. Isso não significa desistir da intenção e desejo. Ou seja, você não desiste da intenção e não desiste do desejo. Abandona, apenas, o apego aos resultados".

A estrutura deste capítulo estará segmentada em três características que a liderança com base no distanciamento precisa ter: a liderança pelo propósito e não pelo marketing, distanciamento do ego e níveis de liderança (propriedade, cabeças – *head* – e impulsionadores).

A Liderança pelo Propósito e não pelo Marketing

Ram Charam, em seu livro "Governança que produz resultados", menciona uma frase de Andy Grove, ex-presidente da Intel, em entrevista na revista Fortune, afirmando que o sucesso das organizações está condicionado ao todo e não aos interesses individuais, ressaltando que *"garantir que o sucesso da empresa é mais duradouro que o mandato de qualquer CEO, do que qualquer oportunidade de mercado, do que qualquer ciclo de produto".*

Para Charam, os conselhos de administração progressistas possuem práticas modernas e evolutivas: *Para cumprir essa missão abrangente, esses conselhos de administração empenham-se em serem eficazes como equipe e demonstram o valor das contribuições, mantendo pontos de vistas independentes. Os membros dos conselhos de administração progressistas constituem grupos coesos e coerentes. Todos os membros contribuem para um diálogo que promove debates animados e criativos, concentram-se nas questões mais importantes, deixando de lado as secundárias e promovendo consenso e a ação.*

Esses pontos de Ram Charam e Andy Grove nos trazem a primeira característica dos grandes líderes que buscamos, a capacidade de focar no sucesso do propósito organizacional, muito mais do que no próprio sucesso.

Essa característica é muito clara quando falamos do conceito de desenvolvimento sustentável. Ricardo Voltolini aborda essas características em seu livro "Conversas com líderes sustentáveis", que tem uma proposta voltada para conhecer melhor os líderes que promoveram ou estão promovendo mudanças no mercado nacional através do conceito de desenvolvimento sustentável, trazendo um propósito organizacional, voltado não somente para os resultados financeiros, mas também sociais e ambientais.

Vejamos a visão de Voltolini sobre a característica dos líderes entrevistados por ele: *São muitas as barreiras para adoção de uma perspectiva mais ética nas companhias, especialmente por causa do acirramento da competição, da necessidade de fazer mais com menos e da visão indulgente, porém culturalmente tolerada de que no jogo do business as usual os fins justificam os meios. Será? Provavelmente, esse é um dos dogmas mais decadentes nestes tempos de ascensão do conceito de sustentabilidade e dos valores que ele implica.*

Essa afirmação forte de Voltolini nos remete a uma reflexão de como as ações para atingimento das metas organizacionais podem ser facilmente distorcidas em atitudes pouco éticas, voltadas para promoção individual e o marketing de profissionais obcecados pelo sucesso a qualquer preço.

Quantas revistas de gestão, processos seletivos e comportamentos de líderes estão mais voltados para imagem do que para competência? As empresas contratam as pessoas competentes ou aquelas que parecem competentes?

O artigo "Cuidado com os burros motivados" escrito por Roberto Shinyashiki aborda este conceito, e na entrevista para revista Isto É, Shinyashiki está cansado dos jogos de aparência que tomaram conta das corporações e das famílias.

Ele aborda a dificuldade da autenticidade das pessoas nas entrevistas de emprego, candidatos dizem exatamente aquilo que os entrevistadores querem ouvir. Muitas vezes, quando questionados sobre seus pontos a melhorar, respondem: "Trabalho demais e não tenho tempo para família" ou "Sou perfeccionista", como se estivéssemos em um programa eleitoral obrigatório, onde não existem falhas, erros ou melhorias a serem desenvolvidas, resumindo tudo em um mundo perfeito e feliz.

Fernando Pessoa, sob heterônimo de Álvaro de Campos, no texto " Palma em linha reta", coloca *Nunca conheci quem tivesse levado porrada na vida (...) Toda a gente que eu conheço e que fala comigo nunca teve um ato ridículo, nunca sofreu enxovalho, nunca foi senão príncipe.*

Um fato que percebo, as pessoas estão perdendo os seus propósitos de vida, de razão de existência, por estarem totalmente apegadas aos resultados e não se concentrando nas oportunidades de realização do presente, onde atender melhor um cliente ou ajudar um colega de equipe, inspirar novos profissionais, gerar valor para comunidade, desenvolver uma política ética e adotar comportamentos mais voltados para o altruísmo e trabalho em equipe, pode proporcionar não somente o entendimento do propósito organizacional, mas sim o próprio propósito de vida.

Esses comportamentos não são passíveis de serem cultivados, se não conseguirmos efetuar o distanciamento necessário, pois estamos apegados ao resultado, ou seja, apegados ao nosso ego que desfruta de todos os frutos de uma árvore, doces e azedos.

Precisamos nos distanciar e encontrar um propósito para nossas vidas e organizações em que atuamos.

Não temos como ter organizações de sucesso que não possuem líderes com o distanciamento necessário para enxergar de forma holística e mais abrangente.

Ricardo Votolini define uma característica muito interessante sobre os líderes sustentáveis: "Os líderes sustentáveis são, a rigor, a paixão por uma missão, a crença inabalável no poder da transformação e a presença de um conjunto de princípios e valores consolidados ao longo da vida".

A lei do distanciamento, de Deepak Chopra, traz uma abordagem muito interessante, que é o poder da incerteza, libertando as pessoas para a criatividade e a construção, não estando presas ao passado e à ilusão da busca por segurança no futuro, que não pode ser criado na base da insegurança e egocentrismo.

Nesta etapa, tenho uma história para contar. Sempre quis possuir um cargo executivo em uma seguradora que atuei, e quando conquistado me dei conta do quanto estava preso aos resultados, aos comportamentos pré-formatados que me puxavam para o retrocesso e me impediam de buscar o distanciamento e a visão holística e abrangente que comentei há pouco.

No momento em que todos esses pontos se tornaram evidentes em minha vida, me dei conta do tamanho da minha infelicidade e frustração, me levando para única alternativa que tinha naquele momento, seguir meu caminho solo, fundando a Seperuelo Consultoria e Gestão e sendo convidado para fazer o primeiro trabalho em uma atuação internacional em Angola, para formação de profissionais gestores de uma feira Internacional em Luanda.

Minha vida voltou a florescer, trazendo uma sensação de atender um propósito, uma missão, pois não formaria somente pessoas, mas também estava fazendo parte de um trabalho que poderia ajudar pessoas do mundo todo em vários segmentos a ajudar no desenvolvimento do país.

Se não tivesse me distanciado das verdades absolutas impostas pelo mundo corporativo, jamais teria saído da empresa, teria entregue meu cargo de liderança e não teria escrito este livro.

Se quer saber se está sendo um líder voltado para o sucesso do propósito e não para o próprio sucesso, efetue a seguinte pergunta antes de tomar suas decisões:

Essa decisão ajuda a atingir o propósito organizacional, promove a cooperação das equipes, desenvolve as pessoas e desperta uma razão de existência da organização, ou somente atende aos meus interesses de reconhecimento profissional e imagem?

Distanciamento do Ego

Para começar esta parte, vamos usar como base um capítulo do livro de Jim Collins, no livro "Empresas feitas para vencer", que aborda o conceito do Líder nível cinco.

Este livro é o fruto de uma pesquisa de Jim Collins numa jornada de cinco anos na Universidade de Stanford, que aborda um trabalho voltado para um grupo de empresas que tiveram resultados excelentes e sustentáveis por pelo menos quinze anos.

A equipe de pesquisa comparou as empresas que alcançaram os resultados citados com empresas que não conseguiram o mesmo êxito, gerando o questionamento:

Por que algumas se tornaram excelentes enquanto outras permaneceram apenas boas?

Collins afirma que *Alguns dos conceitos–chave apontados no estudo contrariam abertamente a cultura corporativa e, honestamente, desagradam algumas pessoas.*

Neste estudo, uma constatação é muito representativa para a abordagem que estamos tendo neste livro, por isso o destaque:

"Os líderes de nível cinco canalizam as necessidades do seu ego para longe de si mesmos e na direção da meta maior, que é construir uma empresa que prima pela excelência. Não é que os líderes do nível cinco não tenham ego ou interesses próprios; na verdade, são incrivelmente ambiciosos – mas sua ambição é voltada primeira e fundamentalmente para a instituição, não para si mesmos".

Os estudos de Collins ainda apontam que a maioria das empresas que alcançaram os resultados de excelência possuíam líderes com as características de nível cinco, onde Collins atribui a este nível de liderança duas características muito presentes: humildade e força de vontade.

Tenho outra história para contar, essa está retratada também no livro de Collins citado anteriormente e se trata da ascensão da Gillette, com a gestão de Colman Mockler.

Mockler enfrentou três situações que demonstram as características citadas por Collins de liderança nível cinco (humildade e força de vontade).

As duas primeiras situações através das tentativas especulativas de compra da empresa pela Revlon, liderada por um especulador do mercado, acostumado a falir empresas para compras ações desvalorizadas e financiar ofertas ainda mais especulativas.

A terceira com a pressão de um grupo que havia comprado 5,9% das ações da Gillette e buscava o controle da empresa com a persuasão aos acionistas para venda da mesma com uma valorização de 44% das ações, resultando em um retorno financeiro de curtíssimo prazo, proporcionando uma remuneração na casa de milhões para a maioria dos executivos, incluindo obviamente o seu CEO, Colman Mockler.

Mockler põe em prática a sua primeira característica de humildade, pois seria muito mais fácil convencer o conselho a vender a empresa, embolsar alguns milhões, se aposentar lançando um livro com sua autobiografia e conceder entrevistas para programas de televisão e revistas especializadas.

Porém, ele deixa de vender a empresa e apresenta a segunda característica do nível cinco, a força de vontade traduzida em um senso de realização, onde eu particularmente atribuo aqui o vínculo da liderança ao propósito organizacional, com a implantação dos programas altamente tecnológicos e confidenciais, voltados para inovação, com os produtos *Mach 3* e a linha *Sensor*.

Após a implantação, as ações da Gillette valorizam cerca de nove vezes o valor de mercado, proporcionando um ganho muito maior para os acionistas.

Esses resultados só poderiam ser possíveis com o distanciamento do ego de Mockler e a humildade de reconhecer que seus objetivos pessoais não são maiores que os objetivos organizacionais.

A implantação dos projetos de inovação representa o senso de realização voltado para um propósito organizacional, mais importante que o sucesso do CEO, apresentando o poder de distanciamento e gerando um resultado extraordinário.

Apenas a crença em uma proposta, associada às características de humildade e força de vontade, seriam capazes de produzir os resultados.

Collins aponta para as dificuldades das empresas comparadas que vivem situações complicadas exatamente pela falta das características apresentadas por líderes como Mockler.

"Em mais de 75% das empresas do grupo de comparação direta, encontramos executivos que preparam seus sucessores para o fracasso ou escolhem sucessores muito fracos – ou as duas coisas" – Collins.

Constatamos que os pontos abordados aqui não estão condicionados somente a uma visão romântica, mas sim uma visão do futuro das organizações voltadas para resultados mais expressivos e duradouros.

Portanto a pergunta que faço para sabermos se as nossas decisões estão baseadas no ego ou no distanciamento é muito simples:

Esta decisão que estou tomando ajuda na prosperidade da organização independentemente da minha existência, reconhecendo que a verdadeira força está no trabalho em equipe e em uma sucessão tão boa ou melhor do que a minha gestão?

Envolvimento – Propriedade – *Head* – Impulsionadores

Vimos o quanto a propriedade pode influenciar a tomada de decisão da gestão, inclusive no caso da Gillette, se não fosse um líder como Mockler, possivelmente o conselho teria cedido à pressão dos investidores especulativos para decisão de vender a fábrica.

No início do livro, chamei a atenção no capítulo de Missão e Potencialidade Pura para a dicotomia dos interesses dos investidores *versus* os interesses da gestão.

Como equalizar esses pontos, como trabalhar a expectativa dos investidores, representados pelo conselho de administração, de modo que se tornem geradores de valor para o *Head*, o CEO, e façam parte do processo de construção e desenvolvimento da empresa?

Como conseguir explorar os pontos que realmente importam para a gestão dos negócios? Como já citado antes, Ram Charam defende as fases dos conselhos de Administração de ritualistas para progressistas.

É bem verdade que muitos CEOs se corrompem facilmente para interesses dos conselheiros sem olhar para os interesses da gestão, quando estão presos ao ego e à necessidade constante de gerar resultados quase que milagrosos de curtíssimo prazo, porém pouco sustentáveis.

No livro de Ricardo Votolini, já citado, "Conversas com líderes sustentáveis", ele aponta uma entrevista de Charles Handy para a revista *Leader to Leader*, "que empresas com alma são construídas por pessoas que fazem as coisas com o coração".

Charles Handy foi um dos principais pensadores da década de 90, com o lançamento do livro em 92, "A era da irracionalidade", apontando para uma tendência das pessoas estarem cada vez mais voltadas para efetuar trabalhos únicos, que representem algo especial, de contribuição para a sociedade e o mundo.

Muito questionado por vários críticos do mercado, os pensamentos de Handy foram tachados como ingênuos e românticos, embora façam sentido nos dias atuais, principalmente com os conceitos de desenvolvimento sustentável.

Aqui entra o primeiro aspecto de nível de liderança que precisa ser abordado. Muitos líderes estudam os conceitos de gestão. São formados nas melhores escolas de negócios do mundo. E o que ocorre quando assumem as posições? Por que não conseguem aplicar os conceitos aprendidos na academia e em suas próprias experiências vividas?

Talvez a causa desta dificuldade de seguir e desenvolver o que deve ser feito pode estar na pressão exercida pelos conselhos de administração, representando os investidores.

Conforme mencionado por Ram Charam, os conselhos precisam deixar de ser ritualistas para se tornarem progressistas dentro das organizações, abrindo espaço para diálogos mais eficientes e não tão protocolados e tolhidos, como os de uma família real com seu primeiro ministro.

Há uma sintonia entre propriedade e gestão, capaz de exercer a boa governança, respeitando os interesses das partes, em um propósito organizacional que vai além dos interesses de qualquer parte individualmente, onde o todo é o mais importante e absoluto nas discussões.

Esse é o primeiro nível da liderança que está direcionado para a propriedade, que é soberana e pode influenciar completamente as decisões do CEO.

Um CEO não pode ser responsabilizado sozinho pelo sucesso ou fracasso de uma organização, assim estamos trabalhando os níveis de liderança, onde tudo pode começar com a propriedade assumindo um papel mais progressista e incorporado aos conceitos de gestão e propósito organizacional.

Sendo assim, temos níveis de liderança diferentes em uma organização, porém muito integrados e relacionados.

```
Nível 1 – Liderança
Propriedade
(Conselho de administração)

Nível 2 – Liderança
CEO – Head

Nível 3 – Liderança
Impulsionadores
```

SEPERUELO – Níveis de Liderança

A soberania dos conselhos de administração sobre os CEOs pode ser a causa de muitas decisões dos principais executivos para caminhos que vão de encontro ao propósito organizacional.

Os CEOs, aqui como o segundo nível de liderança, apelidados de *Heads*, foram fortemente abordados nos conceitos no tema de distanciamento do ego, neste capítulo, e com a visão dos níveis hierárquicos de liderança trazida por Jim Collins.

Uma questão muito interessante que as organizações começaram a despertar é para os planos de sucessões, olhando para um conceito de garantia da sustentabilidade e durabilidade das empresas.

Como fica a Apple nos próximos anos sem o seu principal líder, Steve Jobs? Fiz essa pergunta no início deste livro e continuo sem me atrever a responder, tamanha a dificuldade de previsibilidade em função da importância que este *Head* tinha, não somente para a Apple mas também para a comunidade voltada para tecnologia, inovação e visão de negócios.

Finalmente chegamos à liderança nível três, aqui chamada de impulsionadores. Estes muitas vezes esquecidos dentro das organizações e às vezes tachados como resistentes a mudança ou até mesmo fora do novo contexto organizacional.

Já parou para pensar na qualidade das mudanças que as empresas estão promovendo, principalmente depois dessas conceituações de lideranças de níveis diferentes?

Acredita mesmo que as decisões tomadas nos conselhos de administração e homologadas pelos CEOs podem ser o melhor para empresa?

O termômetro para isso pode ser a reação dos chamados impulsionadores.

Primeiro vamos entender quem são os impulsionadores. Eles são aqueles profissionais que conhecem a empresa, conhecem seu DNA, seus processos, produtos, virtudes e dificuldades.

Outra característica importante, não necessariamente possuem cargos executivos dentro das empresas ou de liderança, mas são formadores de opinião, pois lideram pelo respeito adquirido por anos de experiência e conhecimento naquilo que fazem.

Portanto, quando a reação destas pessoas não é boa, podemos ter um sinal de que a estratégia definida ou a forma como está sendo implantada, podem não ser as mais adequadas.

Obviamente que não estamos falando de ouvir todas as pessoas da empresa antes de tomar decisões, mas ouvir as certas pode fazer uma diferença muito grande nos resultados.

No livro de Jim Collins, já citado, ele chega a uma constatação muito interessante.

"Dez dos onze CEOs das empresas "feitas para vencer" vieram de dentro das próprias empresas, três deles por herança familiar. As empresas do grupo de comparação direta entregues a estranhos, com frequência seis vezes maior, fracassam em gerar resultados excelentes e duradores".

Esta constatação de Collins pode nos ajudar a entender a importância dos líderes de nível três, pois estes poderão ser no futuro os *Heads* nível dois.

Se as empresas conseguirem enxergar esses potenciais de líderes nível três, os chamados impulsionadores, poderão tomar decisões mais assertivas e estabelecer um programa de sucessão natural das lideranças organizacionais e a disseminação de uma cultura voltada para um propósito organizacional.

Para aplicar estes conceitos e saber se está fazendo liderança considerando todos os níveis, antes de tomar decisões efetue a seguinte pergunta:

Esta decisão que estou tomando leva em consideração a opinião de todas as pessoas chave para o sucesso desta ação?

Desafios da Liderança

Apesar de ter separado a liderança em três níveis e ter atribuído desafios para cada nível, este modelo é tridimensional, pois todos os níveis de liderança passam por situações em que terão os três desafios pela frente: a liderança pelo propósito e não pelo marketing, distanciamento do ego e envolvimento das pessoas chave.

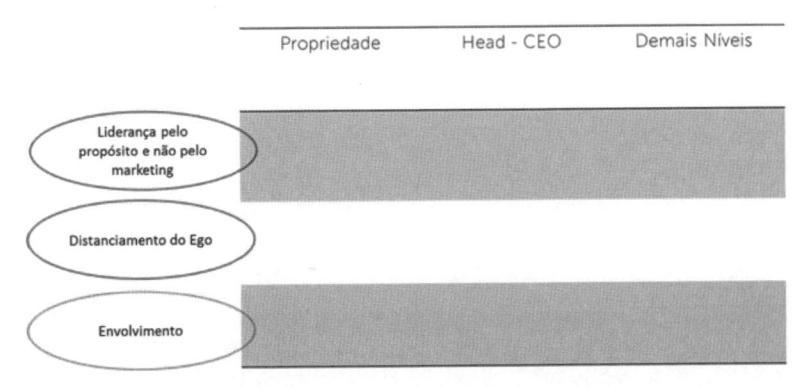

	Propriedade	Head - CEO	Demais Níveis
Liderança pelo propósito e não pelo marketing			
Distanciamento do Ego			
Envolvimento			

SEPERUELO – Modelo tridimensional para liderança

Além da característica tridimensional, temos sempre que atribuir as perguntas para avaliarmos se estamos na direção certa em nossas lideranças.

Se conseguirmos "SIM" nas três respostas, muito provavelmente estaremos aplicando a lei de Deepak Chopra nos negócios e em nossas vidas, com o distanciamento e desfrutando da leveza e serenidade em nossas decisões.

CAPÍTULO 7

Inovação – Lei da Doação

INOVANDO PARA SOBREVIVER OU SOBREVIVENDO PARA INOVAR?

A lei da Doação citada por Deepak Chopra está baseada na condição de que, se queremos muito uma coisa, precisamos saber dá-la primeiro.

As empresas não são diferentes. Como podemos trazer esse conceito para dentro de comportamentos e atitudes capazes de proporcionar a lei da doação, gerando longevidade para a vida das organizações? Um estudo da agência Standard and Poor`s 500, aponta que na década de 60 o tempo de vida dos negócios durava um pouco mais de sessenta anos, chegando a menos de vinte anos em 2004 e desde então caindo até a marca de dezessete anos em 2009.

O que isto significa? Que para as empresas manterem a marca de seis décadas de permanência nos mercados, como as empresas de 1960, precisarão renovar neste período o equivalente a quase quatro vezes os seus negócios.

Portanto, o movimento de doação é constante. Doação? Isso mesmo, doação...Vamos traduzir para o mundo corporativo.

Imagine um negócio que foi lançado, fazendo um paralelo ao conceito de ciclo de vida do produto no mercado, teríamos as fases: introdução, crescimento, maturidade e declínio.

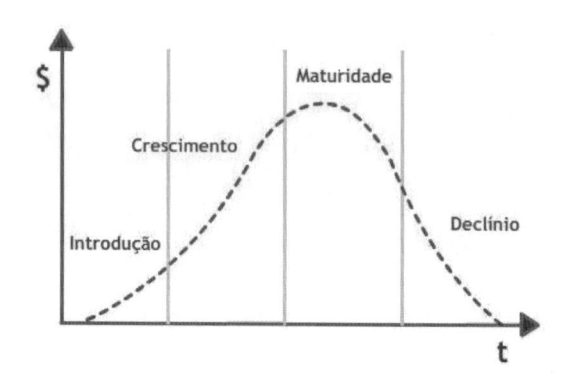

[Gráfico: eixo vertical $ e eixo horizontal t, mostrando curva com fases Introdução, Crescimento, Maturidade e Declínio]

Na década de 60, segundo os dados da agência, os negócios duravam cerca de sessenta anos, com a realidade dos dezessete anos dos tempos atuais, as curvas estão cada vez mais se encurtando e provocando nas equipes uma necessidade de inovação e busca por novos negócios, nichos, produtos e tecnologias.

A grande questão é que muitas vezes essa busca requer investimentos que não necessariamente se reverterão em resultados imediatos ou até mesmo no longo prazo.

Porém, o movimento é essencial para sobrevivência, pois se nada fizermos, o término do ciclo parece ser inevitável. Onde está o ponto positivo nesta iniciativa? Justamente na capacidade de trabalhar a "lei da doação", retirando capital de negócios prósperos, tido como "carro chefe" para aplicar em novas iniciativas e novos negócios.

Precisamos fazer o capital girar, da mesma forma que o capital entra, ele precisa sair para trabalhar para o futuro da empresa, em uma iniciativa constante de inovação e patrocínio de ideias e novos conceitos.

A princípio iria escrever este capítulo de inovação antes de falar sobre liderança, porém aqui entra outro aspecto fundamental para o sucesso das iniciativas de inovação: a liderança nos três níveis comentados no capítulo anterior.

Precisamos ter a propriedade apoiando o propósito organizacional mais do que a imagem e o marketing voltado para o resultado de curto prazo, apoiando o CEO na geração de novos negócios dentro da organização.

Da mesma forma, o CEO precisa do distanciamento do ego para cumprir o propósito e alcançar os objetivos, inspirando as pessoas e criando cultura voltada para atendimento ao propósito organizacional, gerando um clima propício para inovação e exploração ao máximo do potencial das pessoas.

Os impulsionadores da estratégia e do propósito serão muito mais efetivos no movimento de inovação, com o clima proporcionado pelo CEO e os investimentos necessários concedidos pelos acionistas (propriedade), porém a simples conscientização e incentivo não serão suficientes, necessitando de metodologia para inovar.

Esse é um movimento que não está apegado somente aos resultados, mas sim a uma cultura e clima voltado para criação, para o novo e para maximização dos potenciais das pessoas.

Todo este movimento gera um ciclo contínuo de inovação e atração de talentos, iniciado pelos seguintes papéis: líderes que respondem pela propriedade, CEO e impulsionadores.

Os comportamentos esperados desses papéis estratégicos estariam refletidos em um ciclo baseado na propriedade, investindo no propósito organizacional, o CEO (Presidente) proporcionando o clima de inovação e os líderes impulsionadores promovendo metodologia de criação e inovação.

Consequentemente, esses comportamentos irão gerar os resultados esperados nas pessoas que podem provocar as inovações.

Não podemos dizer que precisamos inovar sem desenvolver os comportamentos em nossas lideranças capazes de proporcionar três pontos fundamentais para inovação: Capital, Incentivo e Processo e método.

Esses três pontos são os resultados oriundos desta combinação entre papéis estratégicos (lideranças), comportamentos esperados dos líderes e os três pilares da inovação capital, incentivo e processo e método.

O modelo proposto aqui seria uma junção de lideranças, comportamentos e ferramentas e técnicas para promover a inovação.

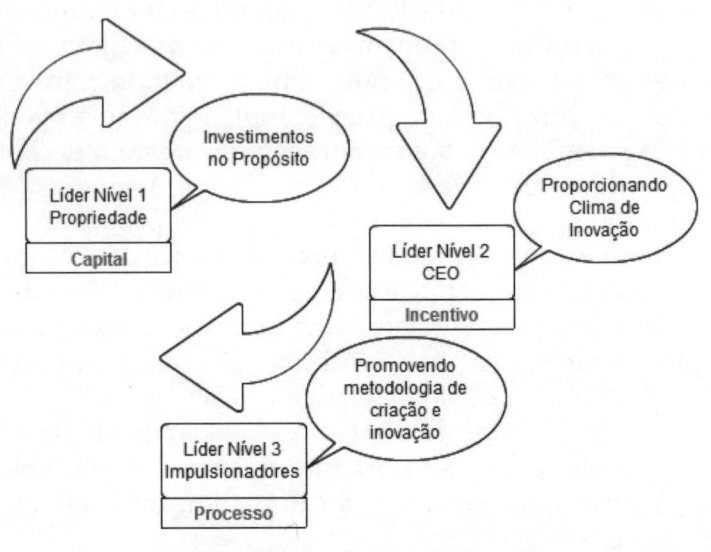

SEPERUELO – Modelo de Inovação

Esse modelo que pretendemos detalhar neste capítulo aborda cada papel juntamente com o comportamento

INVESTIMENTOS NO PROPÓSITO

Este comportamento, voltado para uma visão de inovação para sobrevivência das organizações, está muito baseado nos conceitos apresentados sobre o ciclo de vida do produto.

Como as curvas de longevidade dos negócios estão encurtando para dezessete anos, conforme os estudos da Standard and Poor`s, podemos chegar a duas grandes constatações:

Primeira – O sucesso no passado não é garantia de sucesso no futuro.

Segunda – Precisamos construir o futuro ao mesmo tempo que desfrutamos do presente.

Essas constatações, apesar de já cientes em muitos sensos comuns de turmas de graduação e pós-graduação nas principais escolas de negócios do mundo, muitas vezes ainda não são aplicadas no mundo corporativo, que pressionado por resultados de curto prazo pela propriedade e corrompido por seus líderes por desenvolvimento de projetos voltado para projeção de carreira, não conseguem criar uma cultura voltada para inovação baseada na construção do futuro e do resultado de longo prazo.

Essa dificuldade não está condicionada somente à conscientização da importância da inovação. Não conseguimos inovar somente pela conscientização.

Em uma de suas palestras sobre inovação, Clemente Nóbrega cita exatamente essa recomendação dada pelas empresas, com *feedbacks* muitas vezes passados pelos gestores para pessoas na forma *"você precisa ser mais criativo e inovador"*, como se o problema da falta de criatividade e da inovação estivesse apenas relacionado à conscientização da necessidade.

Falta justamente o que estou chamando aqui de comportamentos estratégicos (investimento no propósito, proporcionando clima e inovação e proporcionando processo e método).

O foco neste ponto é o comportamento de investimento no propósito que precisa ser assumido pela liderança nível um, neste caso, a propriedade.

A propriedade representada pelo seu conselho de administração precisa abraçar a iniciativa da inovação juntamente com a gestão, proporcionando os recursos e o apoio necessário para o movimento.

Esse comportamento estratégico passa pela dificuldade maior quando a liderança nível dois não consegue estabelecer claramente um propósito organizacional, dificultando para a propriedade a visão de em que de fato investir para construir futuro.

Outra dificuldade é exclusivamente dos conselhos de administração. O comportamento como representantes da propriedade de um negócio muitas vezes é confundido com o comportamento de representantes de um capital aplicado em uma operação que precisa rentabilizar tantos % em um período de tempo, esquecendo das pessoas, do propósito, da sociedade, meio ambiente e todas as outras partes que podem e são impactadas com a organização em questão.

Isso se torna mais latente quando apresentadas propostas para inovação, com projeções de rentabilidade mais voltadas para o longo prazo, contando com o capital que é trazido pelos negócios existentes.

Retirar dos negócios atualmente rentáveis para aplicar em novos negócios e novas tecnologias, é uma dificuldade de muitos conselhos, não proporcionando ao CEO o capital necessário para estabelecimento de uma cultura de inovação.

Portanto, a inovação começa no primeiro nível de liderança, com a propriedade devidamente ciente do proposito organizacional e disposta a aprovação de orçamentos dedicados a inovação.

Os orçamentos de inovação não tão voltados com os resultados de curto prazo, mas com o movimento de criação e abertura de alternativas de negócios capazes de prolongar cada vez mais o tempo de vida das empresas no longo prazo.

Em seu livro *Inovatrix*, lançado em 2010, Clemente Nóbrega tem uma citação muito interessante sobre a necessidade de inovar.

Gestão é o que se tem de fazer para ficar vivo de forma relevante. Não apenas ficar vivo de qualquer maneira; não apenas sobreviver. Já foi fácil. Hoje complicou porque não basta mais "tocar a bola para o lado" para continuar vivo (como foi possível fazer por décadas e décadas no passado). Por isso, gestão virou sinônimo de inovação. As causas dessa mudança são conhecidas de todos. Suas vítimas também são.

Enquanto os Conselhos de Administração não enxergarem que a rentabilização do capital dos sócios não está somente na manutenção dos negócios existentes sem a criação de novas fontes de capital, ou dinheiro novo, como gosta de chamar o próprio Clemente Nóbrega, estas estarão sujeitas ao término de forma muito rápida e pragmática.

Proporcionando Clima de Inovação

Esse comportamento estratégico está condicionado ao desenvolvimento de um ambiente propício para criação, para foco no novo, foco na capacidade de desenvolver algo diferente e consequentemente inspirador para os envolvidos.

Atribuo esta responsabilidade ao CEO – *Head* (liderança nível 2), pelo fato de este possuir um desafio da liderança com o distanciamento do ego, como vimos no capítulo sobre liderança.

Quando possuímos líderes com essa característica, naturalmente se inicia um processo de inspiração de seguidores, portanto, o comportamento da liderança reconhecendo e incentivando a inovação pode gerar um movimento voltado para criação e renovação.

Voltando ao livro do Clemente Nóbrega, *Inovatrix*, de 2010, ele aborda a liderança como chave para o processo de inovação.

Líder é quem conduz uma organização num certo rumo; e liderança é essencial para inovação.

Obviamente que esta postura do CEO pode ser compartilhada com o seu corpo diretivo, e disseminada de modo que estes formem um estratégico atento às iniciativas e ideias que podem garantir o futuro da organização, formatando uma estrutura voltada para geração de novos produtos e negócios independente das operações já existentes.

A questão da liderança nesse processo de inovação também se dá pelo fato de serem as peças chave para o sucesso das iniciativas, como apoio aos projetos relacionados a novos produtos ou até mesmo novos modelos.

Clemente ainda complementa com a afirmação:

Inovação é multifacetada e pode se manifestar de várias maneiras. Basicamente: novos produtos, novos processos e novas concepções de negócio. Ela tem duas características principais: tem que gerar dinheiro. Se não dá dinheiro não é inovação, é apenas novidade, e novidade é irrelevante em negócios. Tem que representar uma "quebra de molde" até então estabelecido.

Esta conceituação aponta para alguns paradigmas que possuímos, como achar que a inovação está condicionada apenas a descobertas nunca pensadas antes ou que os dados da maioria das inovações partiram de problemas vivenciados e já tiveram soluções ou parte já desenvolvida, e acrescenta:

Soluções originais são raríssimas. Um problema semelhante ao seu já foi resolvido por alguém. Descubra o que norteou a solução que esse alguém encontrou e você terá um norte para resolver o seu problema.

No Capítulo 3 sobre Missão e Potencialidade Pura, exploramos a questão da inovação nos produtos e não no negócio. Essa é uma característica comum em empresas que não conseguem olhar para o seu propósito organizacional ou até mesmo não possuem um propósito.

A liderança nível dois acaba sendo a base do propósito organizacional, trabalhando de forma altruística, voltada para os interesses maiores que os pessoais e com um senso de realização e humildade na atribuição dos méritos das equipes, e preparando a bases de líderes sucessores.

O clima voltado para inovação depende basicamente da atuação desta liderança em função das características listadas pelos líderes com a maturidade no propósito, estabelecendo uma relação em que todos ganham na criação e apoio a novas ideias.

A liderança como base para criação do clima de inovação pode combater uma das maiores dificuldades nos processos de inovação e de implantação de ideias fantásticas, os modelos mentais.

Modelo mental é o conjunto de sentidos, pressupostos, regras de raciocínio, inferências etc. que nos leva a fazer determinada interpretação. Eles definem como percebemos, sentimos, pensamos e interagimos. Portanto, é fundamental mergulhar em diferentes culturas, disciplinas, experiências e linguagens sem perdermos nossas origens". Fredy Kofman, autor do livro *Metamanagement*

Peter Senge em seu livro *A Quinta disciplina*, aborda os modelos mentais, da seguinte forma:

Uma grande causa para impedir que grandes ideias sejam implantadas dentro das organizações, limitando o pen-

samento das pessoas e restringindo seu comportamento para um modelo existente.

Se queremos fazer coisas novas, precisamos ter comportamentos novos, e nada mais adequado do que a própria liderança para dar o exemplo de mudança de comportamento, apontando e apoiando o novo, a criação, o diferente e o elemento surpresa.

Ainda com Senge na quinta disciplina, o professor aborda um conceito muito interessante de Domínio Pessoal, e cita que:

A estratégia essencial da liderança é simples: sirva de modelo. Comprometa-se com seu próprio domínio pessoal. Falar sobre o domínio pessoal pode ajudar a abrir de alguma forma a mente das pessoas, mas as atitudes sempre falam mais alto do que as palavras. Não há nada mais poderoso para estimular os outros na busca do domínio pessoal do que levar a sério a sua própria busca.

Se queremos que nossas equipes sejam criativas e inovadoras, precisamos nós mesmos iniciarmos comportamentos que nos levem ao novo, sem prisões a modelos existentes, paradigmas e verdades absolutas que não nos levam à criação, somente à repetição e ao medo.

Promovendo a Metodologia de Criação e Inovação

Em *Inovatrix*, Clemente Nóbrega defende a inovação sistêmica como forma de criar um método capaz de produzir inovação sem a participação de pessoas como Steve Jobs, Bill Gates, Einsten, entre outros gênios.

O modelo de Nóbrega é excelente, pois apresenta uma metodologia capaz de nortear de forma sistemática os passos necessários para inovação, com ferramentas e técnicas no auxílio à criação e conexões de ideias, conceitos, problemas e soluções já vividas.

Está baseado em um princípio que ele chama de princípio da simetria, onde defende que:

Para uma empresa gerar valor tem que ter três elementos equilibrados em harmonia. São eles que estabelecem a simetria da empresa. São os seguintes:

Mercado – *Este é o primeiro elemento; um mercado que pague pelo produto que tenho a oferecer;*

Processos e recursos – *Processos de trabalho são a forma que a empresa tem de transformar os recursos disponíveis em outputs de maior valor;*

Pessoas – *Sem competências humanas adequadas não há processos eficientes e nem produtos de valor. Não há, portanto, ofertas de valor, mesmo que os demais recursos estejam lá.*

Estes conceitos estão no livro de Clemente Nóbrega, porém gostaria de fazer um adendo ao modelo, acrescentando mais um elemento no princípio, a Estrutura.

Porque vejamos, imagine que em uma organização que abrace a causa da inovação, capacite pessoas em métodos e processos para inovar, pode-se gerar uma corrida desenfreada nas áreas para geração de novas ideias.

Até então parece estar tudo bem, mas precisamos coordenar esses esforços. Como vimos no Capítulo 5 – Gestão de Portfólio e a lei do Carma, precisamos efetuar as escolhas certas.

Se não tivermos uma coordenação dos esforços, corremos o risco de diversas áreas definirem objetivos de inovação, acarretando esforços que podem ser contraditórios aos objetivos da empresa ou até mesmo entre as áreas.

Portanto, antes de implementar os métodos e os processos, precisamos priorizar as ideias mais aderentes aos objetivos estratégicos e ao propósito organizacional. Sendo assim, meu modelo contemplaria mais um elemento ao modelo de Clemente.

A Estrutura poderia coordenar os esforços, efetuar o treinamento da metodologia de inovação e coordenação da priorização das ideias mais aderentes aos objetivos estratégicos.

Dentro do modelo de gestão que defendo neste livro, LEOP – Liderança Estratégica de Organizações e Pessoas, a equipe que poderia fazer esse trabalho é a mesma que faria o trabalho de gestão de portfólio, inclusive a mesma metodologia.

Entendo que com a junção das ideias, o método de Clemente Nóbrega e o modelo complementar com a estrutura adequada, teríamos condições de inovar, coordenar esforços e envolver continuamente as lideranças no processo de inovaçãoe nas decisões das iniciativas mais estratégicas, podendo estender a discussão para nível da propriedade, trazendo o conselho de administração para uma visão mais participativa e consciente da organização.

CAPÍTULO 8

Gestão de Projetos e Processos – Lei do Mínimo Esforço

ESFORÇO DIRECIONADO E ESTRUTURADO

O Capítulo 7 aborda uma visão muito pouco trabalhada no mundo corporativo e ao mesmo tempo muito cobrada, o esforço.

Lembro-me certa vez de estar em uma reunião com a diretoria em uma das empresas que atuei, com objetivo de apresentar o status de um projeto, e ouvir a seguinte frase de um Diretor Executivo: "Esforço não é resultado".

Esta frase apesar de soar de forma muito cruel para a equipe do projeto, que havia trabalhado muito para tentar manter o projeto dentro do planejado, se apresenta como uma grande verdade. A única questão que precisa ser analisada é se de fato o esforço desperdiçado por essa equipe é somente de responsabilidade dela.

Ao explicar sobre mínimo esforço, Deepak Chopra nos traz como exemplo a natureza, em que "a inteligência da natureza funciona com tranquilidade e sem nenhuma ansiedade. Este é o princípio da mínima ação, da não resistência. É portanto, o princípio da harmonia e do amor".

Quando li esta lei, a associei diretamente às ações e metodologias que tentamos aplicar nas organizações sem respeitar o propósito organizacional, a cultura, as pessoas e as crenças.

O exemplo de Deepak é perfeito, pois na minha interpretação a natureza não tem paranoia, se o que ela está realizando condiz com as melhores práticas ou certificações existentes no mercado. Apenas é aquilo que deve ser, pois manifesta a sua essência, a sua própria existência.

Vejamos os casos das metodologias, não quero dizer que estas não são importantes, nem que precisam ser alteradas, apenas entendo que precisam ser direcionadas para o atendimento ao propósito organizacional.

De fato, precisamos saber fazer as escolhas certas, para não executarmos de forma certa as iniciativas erradas.

Imagine que para atender aos meus objetivos estratégicos e ao propósito organizacional se criem duas estruturas, uma voltada para as iniciativas temporais (início e fim determinado) e outra voltada para as inciativas contínuas e repetitivas.

Estamos falando dos projetos e processos, ou seja, estamos definindo uma estrutura voltada para melhorar a forma de gerenciar os projetos da empresa e outra voltada para melhorar as operações, com a melhoria de processos.

Toda essa iniciativa pode fracassar se não entendermos que não temos como melhorar tudo. Não temos como atacar tudo. Não podemos desperdiçar esforços, precisamos olhar para aquilo que é a essência da empresa.

É muito comum em iniciativas de escritório de processos dentro das organizações gerar um planejamento para mapear todos os processos. Por que isso? Por que as melhores práticas dizem que antes de analisar os processos precisamos conhecê-los. Aqui entra a paranoia, pois nos agarramos às melhores práticas e não olhamos para o que realmente a empresa precisa em termos de processos. Partimos para mapeamentos de toda a estrutura, muita vezes gerando mais trabalho para todos, sem estarmos vinculados a um propósito e sem olharmos para a essência do que queremos atingir com aquela iniciativa.

Lembro-me certa vez de estar ministrando uma aula de gestão de processos em uma turma de pós-graduação e um aluno líder de um escritório de processos de uma empresa multinacional me fazer a seguinte pergunta: Na minha empresa, em dois anos, já modelamos todos os processos em uma notação, porém está se usando outra notação mais atual, o senhor acha que devemos alterar todos os processos mapeados para nova notação?

Respondi para ele com outras perguntas: Qual o objetivo da modelagem? E qual o objetivo da mudança de notação? O que irá gerar de valor para a empresa uma notação mais atual? E quantos dos processos modelados de fato foram analisados e implementadas melhorias para atingir os objetivos estratégicos?

Ele apenas me respondeu a última pergunta, informando que ainda não tinham começado a análise dos processos, pois o foco estava na modelagem.

Mais uma vez, nossa paranoia nos impede de realizar o mínimo esforço. Será que precisamos mapear toda a empresa? Levar dois anos de trabalho para depois ainda não sabermos se a documentação está atualizada ou até mesmo atende as melhores práticas do mercado?

E se entendêssemos o propósito organizacional antes mesmo de iniciarmos os trabalhos de modelagem? E se traçarmos um plano para melhorar os processos que são fundamentais para atendimento dos objetivos estratégicos e consequentemente o propósito organizacional?

Quando modelamos um processo, nosso maior objetivo é produzir um modelo que seja capaz de ser entendido pelo maior número de pessoas possíveis, e isso está condicionado à cultura existente na empresa com relação à melhor forma de comunicar ou entender um processo existente, indiferente da notação que utilizamos.

Apesar das notações para modelagem terem muitos benefícios, estes podem alternar de acordo com a realidade de cada organização, onde determinadas empresas desenvolvem suas próprias notações para obter a linguagem mais próxima possível das equipes de trabalho.

Quando me refiro à Gestão de Processos com mínimo esforço é justamente estabelecer um portfólio de iniciativas de melhorias de processos capazes de ajudar a atender os objetivos estratégicos, e ao mesmo tempo criar a cultura voltada para atender a estratégia, tema do nosso próximo capítulo.

Vejo a Gestão de Processos de Negócios como um grande PDCA (*Plan, Do, Check* e *Act*). O PDCA tornou-se popular pelo Dr. W. Edwards Deming, considerado o grande teórico do conceito de controle de qualidade moderno.

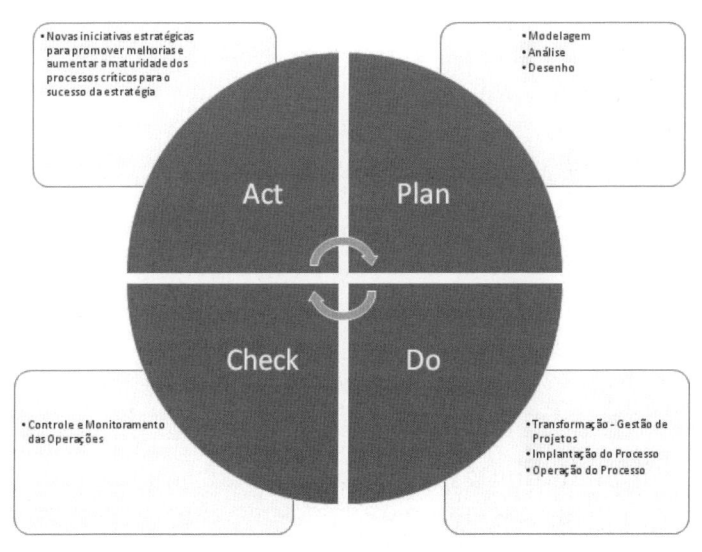

BPM e o PDCA – Fonte: Seperuelo Consultoria e Gestão

O ciclo de PDCA é uma ferramenta criada em 1930 por Walter Shewhart, que desenvolveu o método já com uma visão de promover a qualidade, porém ele se tornou mais popular através de William Edward Deming, com suas palestras e promoções de conceitos sobre controle de qualidade no Japão e no mundo.

Se olharmos os conceitos de Gestão de Processos de Negócios dentro de uma proposta de melhoria contínua, podemos enxergar os mesmos dentro de um ciclo do PDCA, conforme a figura acima.

Planejamento: quando modelamos um processo, nosso principal objetivo é entender como as coisas funcionam, produzindo uma base para a análise.

A análise por sua vez tem foco na transformação do processo, ou seja, como podemos fazer as atividades identificadas na modelagem de uma forma mais rápida, eficiente e até mais econômica para a organização.

O resultado dessa análise inicia um processo de desenho de uma solução juntamente com as técnicas de modelagem usadas para entender o processo, só que agora voltadas para desenhar o futuro de uma determinada operação, gerando uma base de informações para transformação dos processos, concluindo a fase de planejamento.

Execução: Gosto de separá-la em dois momentos:

Primeiro – Projeto de Melhoria de Processos

Condicionado à implantação das melhorias analisadas e consequentemente à solução desenhada na fase de planejamento, resultando num projeto de transformação de processos.

Segundo – Processo em Operação

Uma vez implantado o projeto de transformação do processo, iniciamos a execução da operação com o novo processo projetado já com as devidas melhorias implantadas.

Controle: Iniciaremos o processo de monitoramento e controle da operação, para identificar se a execução está seguindo o planejamento e ao mesmo tempo medindo tanto o desempenho quanto o resultado do processo.

Precisamos entender alguns conceitos fundamentais no controle, trabalhando com indicadores distintos. Aqui temos o conceito de indicadores olhando para duas perguntas básicas: "Como?" e "O que?".

Os indicadores que medem respondem a pergunta do "Como?", os chamaremos de indicadores de execução, e aos indicadores que medem e respondem o "O que?", chamaremos de indicadores de foco.

Portanto, um mede se estamos no caminho para atingir um determinado objetivo e outro mede se de fato atingimos este objetivo.

Por exemplo, imagina que tenha um processo de atendimento ao cliente que tem como foco atender o meu cliente em duas horas.

O indicador que irá responder a pergunta do "O que?" será o tempo total de duração de atendimento do meu cliente. Porém, note que esta medição não responde à pergunta do "Como?", não possibilitando a identificação de onde estamos errando nos casos em que não conseguimos atender nosso cliente em duas horas.

Portanto, precisamos medir o "Como?". Quais atividades precisam ser executadas para atender o foco do processo? Imaginemos que o cliente precisa efetuar um cadastro, depois é analisada a solicitação e por fim é respondido com um parecer. Nesse caso, poderíamos identificar que o problema se encontra no cadastro, ou no tempo médio gasto com a análise, ou até mesmo com respostas de pedidos de esclarecimentos de informações incompletas no cadastro.

Repare que as medidas da execução apontam para constantes análises na causa raiz do problema, nos sintomas, nas peças chave para o atingimento do foco do processo de atendimento em duas horas.

Temos duas análises diferentes, fornecidas por indicadores diferentes.

Indicadores de Foco	Tempo médio de atendimento % de satisfação do cliente
Indicadores de Execução	% de cadastros completos x incompletos Tempo Médio da Análise % de pareceres devolvidos por informações incompletas % de clientes

Repare que acrescentei mais um indicador de foco, seria a porcentagem de satisfação do cliente, ou seja, a satisfação do cliente é o resultado de uma execução boa ou ruim para a expectativa que foi gerada com a promessa de atendimento em duas horas.

Controle é uma poderosa ferramenta de apoio à análise constante dos processos de negócios.

Ações Corretivas: Voltadas para a identificação das melhorias necessárias, mesmo depois que os processos estão implantados e em execução, podendo gerar novas iniciativas para atendimento aos objetivos estratégicos, ou mesmo proporcionar uma visão voltada para melhoria constante dos processos tidos também como estratégicos.

Muito bem, vamos retornar ao caso do meu aluno. Em dois anos ele não concluiu nem o planejamento do PDCA do BPM, pois ficou preso à paranoia das melhores práticas, mapeando a empresa toda para depois começar a analisar os processos, e ainda vivendo uma nova paranoia de mudança de notação de modelagem.

Essas situações me deixam preocupado, pois desperdiçam talentos, impedem inovações, limitam a criatividade e promovem um movimento de repetição e automação das pessoas nas melhores práticas.

É óbvio que os guias de melhores práticas trazem um arcabouço muito interessante de ferramentas, possibilidades e alternativas, mas estes mesmo guias tomam o cuidado de informar que são referências, mas não têm a pretensão de definir metodologias.

As pessoas se limitam a interpretar os guias como referências que precisam ser seguidas à risca, se tornando profissionais presunçosos e inflexíveis.

É claro que quando os guias informarem que os processos precisam ser modelados para depois serem analisados, é por uma dependência natural do trabalho de processos, mas não necessariamente eu não posso rodar um PDCA em um processo antes de todos os processos da empresa estarem mapeados.

Este livro tem também este objetivo: a libertação da paranoia das melhores práticas. Não estou aqui para dizer que as melhores práticas não precisam ser olhadas, mas olhar para elas ignorando o contexto, as pessoas, a cultura e o propósito é desperdício de esforço.

GERANDO VALOR COM MÍNIMO ESFORÇO

Na introdução deste livro, usei o PDCA para a exemplificar a dificuldade de geração de valor para os acionistas na implantação das estratégias organizacionais.

Atribuo esta dificuldade a quatro pilares fundamentais para o sucesso da estratégia.

Geração de Valor Implantação da Estratégia			
Liderança e Inovação	Priorização Escolha Certa	Pessoas chave	Sinergia entre Processos e Projetos

Vimos os três primeiros conceitos, com a Liderança no Capítulo 6 e Inovação no Capítulo 7, Priorização e Escolhas Certas no Capítulo 5, com o conceito de gestão de portfólio de iniciativas estratégicas e Pessoas Chave novamente no capítulo 6, de liderança no envolvimento de pessoas que são decisivas para o sucesso das inciativas.

Ainda iremos analisar o quarto pilar, que é a sinergia entre projetos e processos, porém vamos aprofundar um pouco mais na gestão de processos propriamente dita, nos pilares de liderança e inovação e pessoas chave.

Na introdução fiz uma provocação, duvidando de a metodologia por si só promover a maturidade dos processos em um ciclo de PDCA com BPM, para alcançar níveis cada vez mais evoluídos de processos, questionando onde entram as pessoas.

Essa provocação está condicionada à dificuldade que muitas empresas possuem em envolver as pessoas chave em iniciativas de processos ou mesmo de possuir incentivo e apoio das lideranças para produção de trabalhos de análise e melhoria de processos.

Porém, aqui vem outra pergunta: Por que muitas vezes temos o apoio dos executivos e não conseguimos o engajamento das pessoas? O que está faltando para as pessoas serem envolvidas nas iniciativas de melhorias de processos? Já parou para analisar que falta ouvir as pessoas?

As metodologias de processos não escutam as pessoas. Isso mesmo! Uma entrevista para modelagem não é uma forma de escutar. Não a forma que queremos.

Imagina que você fosse procurado por um repórter que lhe propõe uma entrevista para entender sua vida. Você concede a mesma e passa para ele todos detalhes de sua vida pessoal e profissional.

Depois é surpreendido com a sua vida publicada na mídia com interpretações da forma como o repórter entendeu e, pior, com sugestões de melhorias que precisam ser aplicadas sem nunca ter vivenciado as dificuldades que você viveu e tido as condições que você teve para efetuar as escolhas.

É assim que acontece com o mapeamento e análise dos processos em muitas empresas. Muitos profissionais de processos efetuam entrevistas para entender os processos, mas não se preocupam em vivenciar a rotina dos profissionais que atuam nos processos, pois estão mais preocupados com as notações adequadas e a exportação dos modelos mapeados de seus *softwares* para as apresentações no *power point*.

Lembro-me de ter participado de um congresso de exposição de *softwares* de BPMS (*Business Process Management System*), e os fabricantes e consultores apresentavam suas ferramentas e exploravam seus benefícios como: motificações por e-mail de cobranças de validações de modelos, ou indicadores de alerta de atraso, status da atividade, porcentagem de rejeições e retrabalhos da instância.

Até aí tudo bem! O grande problema é como usamos essas ferramentas. Muitos defendiam que este era o caminho para governança dos processos e criação de uma cultura voltada para gestão por processos.

Eu discordo plenamente dessas estratégias e teorias. Ferramentas são apenas ferramentas. Não são os meios para conseguirmos o engajamento das pessoas nas iniciativas de processos.

O que engaja as pessoas são propósitos. Precisamos transformar os propósitos organizacionais em propósitos de vida das pessoas. O que queremos? Respeito e conscientização ou medo, resistência e punição?

É óbvio que ferramentas podem ser muito úteis no processo de criação de propósitos, engajamentos e mudanças de cultura mas, repito, elas são apenas suporte para as ações.

Precisamos de ações voltadas para geração de valores para a empresa e para as pessoas. Rotinas de trabalho para apuração de falhas, se não forem usadas para melhoria e evolução podem ser convertidas em exposição das equipes, de forma a gerar ferramentas disseminadoras do medo, da insegurança, resistência e perda de conhecimento.

Para os profissionais de processos e projetos, a visão estruturada e definida de papéis e responsabilidades é muito clara, muitas vezes óbvia, porém, para as equipes não.

As equipes não conhecem os processos da mesma forma que os profissionais de processos. Isso ocorre porque elas conhecem em vivências e os profissionais em caixinhas. Evidente que caixinhas não irão refletir todas essas vivências e experiências.

Por sua vez, usar da força para engajar também não é uma saída muito inteligente, pois o *Sponsor* (executivo patrocinador da ideia) não é o herói salvador, que com um olhar irá fazer as pessoas executarem as ações esperadas.

Talvez seja possível com a visão do medo e da punição, mas mesmo assim, apostar as fichas no *Sponsor* é criar uma cultura de super-heróis, que gera um efeito colateral antagônico, pois tiramos poder das equipes com uma implantação de BPM e transferimos para o *Sponsor*.

Se o *Sponsor* falhar em suas decisões ou se absorver essa responsabilidade, muitas vezes atribuída pelo ego e não pelo distanciamento, pode estar deixando de ser estratégico e passando para o operacional, invertendo os papéis na organização e deixando a mesma à deriva.

Essa é a metodologia pela metodologia. Não conseguimos provar o valor dessas ações, simplesmente porque não existe!

Na Seperuelo propomos um modelo diferente, o modelo que consiste em quatro etapas, de forma cíclica.

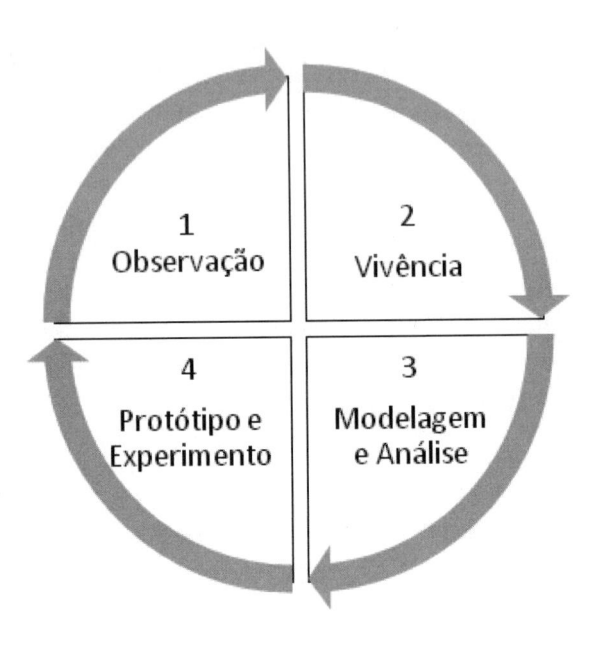

```
         1              2
    Observação       Vivência

         4              3
    Protótipo e     Modelagem
    Experimento     e Análise
```

A ideia é justamente antes de ouvir as equipes com entrevistas e conversas sobre o processo, observar, na medida do possível vivenciar, até mesmo executando algumas etapas do processo, gerando uma base riquíssima para modelagem e análise, e por fim gerar um protótipo que precisa ser experimentado, pois nenhum modelo é absoluto sem ter sido testado antes.

Em vivências de melhorias de processos com essa metodologia, identificamos que quando observamos e vivenciamos os processos, as equipes executoras dos processos se identificam muito mais com o trabalho da consultoria, pois percebem um envolvimento da equipe de mapeamento muito maior com a causa deles do que somente a geração de apresentações que não refletem a realidade e muitas vezes até atrapalham os processos.

Esse movimento gera um clima de engajamento das equipes de processos com as equipes executoras, de modo a promover a inovação de forma estruturada e natural dentro das operações.

Com o aprofundamento dos pilares das pessoas chave, podemos efetuar a passagem para o conceito da sinergia entre processos e projetos.

SINERGIA ENTRE PROCESSOS E PROJETOS

Antes de tudo, vamos entender a diferença ente processos e projetos. O primeiro está direcionado para esforços contínuos, em uma estrutura de entradas, processamentos e saídas. Já o segundo está baseado em um conceito temporal, determinando um início, término e a geração de um resultado único.

O processo é composto por diversas atividades consolidando diversas etapas, de forma contínua e repetitiva.

O projeto, apesar de estar orientado por cinco grupo de processos – iniciação, planejamento, execução, controle e monitoramento e encerramento –, também possui uma visão de orientação para o término, com recursos limitados e que precisam ser otimizados e orientados para o término do projeto.

Se são tão diferentes, quando ocorre a sinergia entre eles? Para responder esta pergunta, vamos recorrer aos conceitos já trabalhados.

Ambos (processos e projetos) estão voltados para implantar a estratégia das organizações.

O processo de implantação da estratégia pode possuir iniciativas que estejam condicionadas somente a trabalhos de processos ou a trabalhos de projetos, ou até ambos.

Vamos exemplificar. Digamos que uma empresa possua a iniciativa de geração de valor para os clientes através dos serviços adicionais a um produto que ela comercializa. O mapeamento do processo para entendimento, juntamente com a análise e desenho de uma solução, pode ajudar a atender a estratégia, porém não é suficiente, pois provavelmente a melhoria pode acarretar a implantação de novos serviços para geração de valor, e estes somente serão possíveis com um projeto.

Outro caso é quando temos objetivos estratégicos voltados apenas para entendimento dos processos operacionais vinculados a um programa de gestão do conhecimento. Os processos serão a base para treinamento das pessoas, não gerando nenhum projeto.

Ao mesmo tempo que temos trabalhos isolados, podemos também ter trabalhos completamente complementares e dependentes das duas iniciativas, iniciando em processos, passando por projetos e retornando para processos com o monitoramento dos resultados e desempenhos.

Voltado para figura do PDCA (*Plan, Do, Check* e *Act*) juntamente com o BPM (*Business Process Managemente*), os pontos em vermelho, os pontos de intercessão entre as iniciativas e as devidas interfaces entre ambos.

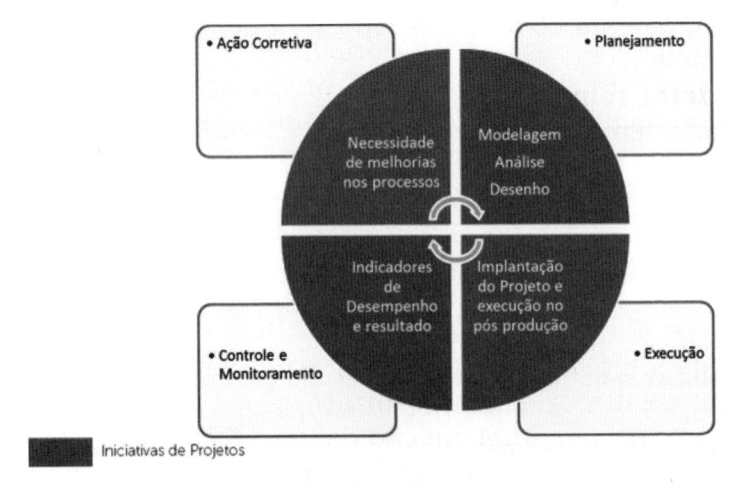

Iniciativas de Projetos

Repare que as iniciativas de projetos são totalmente dependentes das iniciativas de processos e vice-versa.

Neste exemplo é muito claro que estamos falando de projetos de melhorias de processos, porém podemos ter iniciativas de lançamentos de novos produtos que podem também ter a mesma estrutura, mapeamentos que ajudam a definir os novos processos associados aos novos produtos que serão lançados, gerando o escopo dos projetos.

A Gestão de Processos de Negócios ajuda em um ponto extremamente importante da gestão de projetos, e consequentemente muito deficiente em muitas empresas, a gestão de escopo do projeto.

Segundo o PMI – *Project Management Institute*, através do PMBOK define o Gerenciamento de Escopo do Projeto, que inclui os processos necessários para assegurar que o projeto inclua todo o trabalho necessário, e apenas o trabalho necessário, para terminar o projeto com sucesso.

O gerenciamento do escopo do projeto está relacionado principalmente com a definição e controle do que está e do que não está incluso no projeto.

Ainda complementa, fornecendo uma visão geral dos processos de gerenciamento do escopo do projeto, que inclui:

Planejar o gerenciamento do escopo – O processo de criar o plano de gerenciamento do escopo do projeto que documenta como tal escopo será definido, validado e controlado;

Coletar requisitos – O processo de determinar, documentar e gerenciar as necessidades e requisitos das partes interessadas, a fim de atender os objetivos do projeto;

Definir o escopo – O processo de desenvolvimento de uma descrição detalhada do projeto e do produto;

Criar a EAP – O processo de subdivisão das entregas e do trabalho do projeto em componentes menores e mais fáceis de serem gerenciáveis;

Validar o escopo – O processo de formalização da aceitação das entregas concluídas do projeto;

Controlar o escopo – O processo de monitoramento do andamento do escopo do projeto e do produto do gerenciamento das mudanças feitas na linha de base do escopo.

O escopo é o coração do planejamento do projeto, pois define exatamente o que será feito no projeto.

Daí a importância do trabalho de processo para ajudar na definição do escopo do projeto juntamente com a equipe e o gerente do projeto.

Imagine o gerente de um projeto de melhoria de processo, que ao planejar o escopo do projeto já herda um material de modelagem, análise e desenho efetuados pela equipe de processos. Poderia facilitar muito na condução dos esforços, nas estimativas de tempo, custos, identificação e análise dos riscos, formação da equipe do projeto, comunicações, gerenciamento de expectativa de *stakeholders* e possíveis contratos com parceiros que possam ajudar com competências ainda não existentes nas equipes do projeto.

Esta sinergia não é complementar somente nos trabalhos executados pelas equipes de processos e projetos, mas também no perfil dos profissionais, pois temos dois perfis diferentes.

Os profissionais de processos tendem a ser os especialistas necessários para apoiar os gerentes de projetos que têm foco mais voltado para o gerencial e condução das equipes.

Outra sinergia pode ser contemplada no que seria a análise dos processos, ajudando na seleção de projetos.

Na Seperuelo desenvolvemos duas análises:

Análise Técnica

Voltada para abordagem de itens básicos para análise do processo, muito pautados em ferramentas capazes de ajudar na identificação dos principais pontos a serem melhorados e no convencimento da mudança para as equipes executoras dos processos.

A avaliação está baseada no nível de automação dos processos, na análise de valor das atividades, identificando aquelas que não agregam valor ao processo, possibilitando um processo mais enxuto, dentro do conceito de *lean six sigma*, análise dos recursos e estudo dos tempos e movimentos, com a identificação dos tempos gastos em cada atividade.

Mais voltada para convencimento das equipes executoras do processo, atuando nos aspectos técnicos, mais aderentes à visão de equipe e abordagem operacional.

ANÁLISE DE VIABILIDADE ECONÔMICA FINANCEIRA

Voltada para identificar se as melhorias oriundas das análises técnicas são viáveis economicamente para as empresas, partindo da premissa de que nem todas as melhorias propostas de fato serão interessantes em termos financeiros e econômicos.

Aqui aparece mais um ponto de sinergia entre processos e projetos, pois a análise ajuda na seleção de projetos mais rentáveis para a organização, alinhando a aderência aos objetivos estratégicos juntamente com a viabilidade econômica financeira.

Em resumo, se o propósito organizacional tiver todos os esforços direcionados e estruturados através da gestão de processos e projetos, estarão mais alinhados e podendo gerar maior comprometimento e engajamento das pessoas para geração de valor de forma constante e duradoura.

O que importa não é aplicarmos práticas tidas com referências de mercado para dizermos que estamos fazendo ou até mesmo que possuímos essas práticas, mas como elas de fato podem nos ajudar a atingir o propósito organizacional, levando as pessoas a enxergarem essas práticas como oportunidades de expandirem seus dons e talentos, de forma criativa e inovadora, não se prendendo a padrões engessados, mas à estruturação das ideias e dos pensamentos das próprias pessoas.

Essa visão levaria as pessoas a trabalharem mais de "10% do cérebro", deixando suas capacidades criativas aflorarem de forma natural e intuitiva, utilizando os métodos apenas para estruturar, organizar e compilar os pensamentos.

CAPÍTULO 9

Cultura Voltada para o Propósito – Lei Propósito de Vida

CULTURA NO PROPÓSITO

Relacionei a lei do darma ou do propósito de vida de Deepak Chopra com a cultura voltada para o propósito, pois entendo que temos aqui uma grande sintonia nas duas visões.

Imagine que trabalhar possa ser uma tarefa adorável, você anseia para chegar ao trabalho e sente orgulho do que faz, pelo produto final que gera, e esse produto pode influenciar na vida de milhões de pessoas e gerar benefícios maravilhosos.

Quantas pessoas conhecem de fato os propósitos de seus trabalhos e quantos contribuem para a sociedade, comunidade ou para o mundo de uma forma geral?

Ricardo Votollini cita Charles Handy em seu livro *Conversas com líderes sustentáveis*, para o fato que cada vez mais pessoas e organizações passariam a considerar, em seus projetos de realização plena, uma variável natural mais subjetiva: a perspectiva de uma "contribuição especial e única para o mundo".

Trabalhar para um mundo melhor é muito mais estimulante do que para aumentar o valor para os acionistas em

20%, não acha? Obviamente que sabemos da importância de atender ao econômico e aos interesses da propriedade, porém não podemos limitar nossas ações somente a isto.

Não quero ter apenas a visão romântica, mas também a visão de negócios. Imagine uma concessionária de veículos. Como poderia explorar a relação de um mundo melhor?

E se os funcionários da oficina tivessem a consciência de que não trabalham somente efetuando manutenção de carros, mas garantindo a segurança de centenas de pessoas todos os meses nas ruas e estradas?

E se estimularmos comunicações relacionadas a um propósito maior do que efetuar tantas revisões por dia? Talvez tivéssemos um nível de comprometimento muito maior do que imaginamos.

Vamos para outro exemplo, uma gráfica.

Se funcionários de uma gráfica tivessem em sua concepção que trabalham não simplesmente para produzir *banners*, panfletos, *folders* etc, mas sim para ajudar outras organizações e profissionais a divulgarem seus trabalhos, construírem uma marca e a desenvolver mercados e negócios, talvez tivessem uma produção superior.

Isso é negócio! Isso é produtividade! Atender um propósito maior do que o produto que se comercializa ou a meta, pode significar comprometimentos acima da curva.

Deepak Chopra coloca a Lei do Propósito de Vida de forma que todos possuem um propósito, um dom singular ou um talento único para dar aos outros. E quando misturamos esse talento singular com benefícios aos outros, experimentamos o êxtase da exultação do nosso próprio espírito, entre todos, o supremo objetivo.

Estamos alinhando nossa potencialidade pura com nosso propósito. Ou seja, estamos alinhando aquilo que temos de melhor com atingimento de algo maior para sociedade e para nós mesmos.

As organizações podem associar o propósito organizacional com uma cultura voltada para atendimento deste propósito, onde no modelo aqui explorado, o propósito estaria baseado em cinco elementos: Missão, Visão, Inovação, Portfólio de Iniciativas Estratégicas e Liderança.

Propósito Organizacional

- Missão
- Visão e Objetivos Estratégicos
- Portfólio de Iniciativas Estratégicas
- Inovação
- Liderança

Esses cinco elementos são fundamentais para criação da estrutura necessária voltada para um propósito organizacional, promovendo a identificação das equipes e atraindo e retendo os talentos que melhor se identificam com a organização.

Quando falamos de uma cultura, ela pode não estar escrita nas paredes, ou até mesmo documentada, mas estará sempre no comportamento das pessoas daquela organização.

Isso pode tanto ajudar para o sucesso da organização quanto para o fracasso, quando temos culturas que limitam as pessoas a modelos preestabelecidos e comportamentos presos a verdades absolutas que não necessariamente contribuem para um propósito organizacional.

No livro de Peter Senge, *A quinta disciplina*, temos vários conceitos voltados para essa visão. Primeiro gostaria de abordar o conceito de que "eu sou um cargo", do professor Senge.

Senge afirma que somos treinados para sermos leais ao cargo que ocupamos – tanto que o confundimos com a nossa própria identidade.

Ainda completa exemplificando:

Quando alguém pergunta a uma pessoa o que ela faz para viver, a maioria descreve as tarefas que executa no dia a dia, e não no propósito maior da empresa onde trabalha. A maioria se vê dentro de um "sistema" sobre o qual tem pouca ou nenhuma influência. Elas "fazem seu trabalho", dedicam seu tempo e tentam conviver com forças sobre as quais não exercem controle algum. Consequentemente, tendem a considerar suas responsabilidades limitadas às fronteiras do próprio cargo;

Esta conceituação de Senge retrata exatamente o ponto que abordo sobre a dificuldade de muitas equipes entenderem o seu verdadeiro propósito e suas responsabilidades em todo o processo.

Lembro-me certa vez de ir a uma loja de eletroeletrônicos para comprar um notebook, e ficar espantado com a vendedora que me atendeu, pois não conhecia o propósito da sua organização e a sua responsabilidade no processo em que estava inserida.

Ela simplesmente retirou o pedido do produto, cadastrando dados fictícios para agilizar o processo de venda e permitir um atendimento mais rápido, me gerando diversos transtornos para concluir a compra no momento do pagamento, proporcionando transtornos ainda maiores para os colegas do caixa, do estoque e para ela própria, que foi acionada perdendo muito mais tempo do que se tivesse direcionado o esforço adequado no ato da venda.

A gestão de processos de negócios abordada no capítulo anterior pode ajudar na conscientização da importância das responsabilidades de cada um dentro de uma atividade ou ação que executa, porém a conscientização maior somente será conseguida através dos cinco elementos do propósito organizacional.

No livro de Jim Collins, *Empresas feitas para vencer,* ele trabalha um conceito de Porco Espinho.

Este conceito aponta para um desempenho acima da curva através das três características apresentadas no modelo: *aquilo que lhe desperta profunda paixão, a atividade na qual você pode ser melhor do mundo e o que aciona o seu motor econômico.*

A paixão está ligada diretamente a amar aquilo que fazemos. Se amamos o que fazemos é muito provável que tenhamos a capacidade de fazer algo único e melhor do que ninguém. O motor econômico será uma consequência deste processo.

Collins define que este conceito do porco espinho:

Não é uma meta, estratégia ou intenção: é uma compreensão.

Meu entendimento é que não se trata de uma escolha somente, mas sim a potencialidade pura da organização misturada com a sua intenção e desejo, alinhando os conceitos de missão, visão e objetivos estratégicos, apoiados por seleção das iniciativas mais estratégicas e inovadoras com a base em uma liderança voltada para propósito, com distanciamento do ego e envolvimento das pessoas chave.

Quando você está trabalhando, o passar das horas deve soar como extraída de uma flauta...E o que é trabalhar com amor? É como tecer uma roupa com fios que vêm do coração como se fosse o seu bem-amado a usá-la... Kalil Gibran.

Essa visão de Kalil Gibran reforça a ideia do propósito, da paixão citada por Collins, da potencialidade de Deepak Chopra e o conceito de domínio pessoal de Senge.

Senge descreve:

Uma forma mais sutil de visão reduzida "é concentrar-se nos meios, e não nos resultados. Muitos executivos seniores, por exemplo, escolheram "grande participação no mercado" como parte de sua visão. Mas por que? "Porque quero que minha empresa seja lucrativa". Bem, poderíamos pensar que lucros altos constituem um resultado intrínseco em si, o que realmente é para algumas pessoas. Mas, para um número surpreendente de outros líderes, os lucros também são um meio para se obter um resultado ainda mais importante. Por que escolher lucros anuais altos? "Porque quero que continuemos a ser uma empresa independente, para evitar ser absorvida por outras empresas".

Ou seja, estamos focando muito mais nos resultados do que nos meios. Kaplan e Nortan, quando criaram os mapas estratégicos em 2004, abordado no Capítulo 4, demonstraram que as perspectivas financeiras e de mercado são resultados dos meios contidos nas perspectivas de processos internos e capacitação e aprendizado com os ativos intangíveis.

Senge ainda completa:

Não se pode entender a verdadeira visão sem levar em consideração a ideia de propósito. Entendo por propósito a razão de viver de uma pessoa. Ninguém poderia provar ou refutar a afirmação de que os seres humanos têm propósito. Nem valeria a pena iniciar o debate. Mas, como premissa de trabalho, esta ideia tem um grande poder".

Apesar de Senge não ter iniciado o debate, estou convencido de que se as pessoas identificarem um propósito organizacional atrelado às potencialidades únicas da organização e consequentemente a paixão pelo que fazem, cada vez mais o propósito organizacional pode se tornar ou misturar com os propósitos individuais das pessoas, gerando uma grande rede de relacionamentos, experiências e trocas interessantes para ambas as partes: empresa e pessoas.

As pessoas são constantemente programadas para não seguirem propósitos, mas sim modelos. Esse processo se inicia ainda na nossa infância, quando aprendemos diversos modelos de como devemos nos comportar; a grande questão é que não somos treinados para sentir, ouvir nosso interior, nosso desejos e intenções mais íntimas.

A ruptura entre modelos e propósitos é muita clara, quando entendemos que os modelos estão relacionados a nossa mente e os nossos propósitos ao nosso coração. Olhar para o coração no mundo corporativo é tido como algo não científico, amador e pouco valorizado.

Agora uma pergunta: Como iremos ter uma compreensão do conceito do porco-espinho se não ouvirmos o nosso coração? Como iremos ter paixão em executar algo se não amamos? Como iremos ser melhores em determinadas operações, se não nos identificamos com elas?

As empresas precisam descobrir seus propósitos e desenvolver as equipes capazes de amar o que fazem, se identificando com as causas, com os benefícios, com as paixões envolvidas, relacionando seus propósitos de vida com os organizacionais.

Levando as Pessoas ao Propósito Individual e Organizacional

Como as organizações podem ajudar as pessoas a descobrirem os seus potenciais únicos e ao mesmo tempo desenvolverem um propósito de vida associado ao propósito organizacional?

Essa pergunta iremos responder com visões voltadas para identificação de causas associadas aos processos e atividades executadas pelas pessoas dentro das organizações.

Imaginemos que uma empresa trabalhe com a manutenção de caminhões, atribuindo uma responsabilidade sobre a equipe operacional pautada em alguns valores oriundos do propósito organizacional: Qualidade, Prazo de Entrega e Custo.

Esses pilares citados em nosso exemplo, por si só não inspiram mecânicos a descobrirem seus verdadeiros potenciais e desenvolverem um propósito de vida, muito menos associação com o propósito organizacional.

Agora, a comunicação dos acidentes que podem ser evitados com a segurança e prevenção adequada de um caminhão, pode ter um significado diferente para equipe de operações. Ou até mesmo a visão de que a carga que é transportada ajuda no abastecimento de várias cidades e o prazo respeitado significa maior capacidade de infraestrutura para desenvolvimento do país. E o custo pode ajudar na inserção de caminhoneiros independentes no mercado de forma segura, gerando oportunidades para outros profissionais e competitividade no setor.

Se os profissionais não somente da oficina, mas da empresa como um todo, conseguirem identificar o propósito que está por trás das suas ações e responsabilidade, podem descobrir uma paixão pelo que fazem, gerando um produto cada vez mais exclusivo e único no mercado.

À medida que as equipes produzem produtos e serviços desta natureza, automaticamente começam a descobrir não somente o propósito organizacional, mas também um propósito de vida, gerando serviços de que se orgulham e se sentem de fato donas e responsáveis pelos feitos.

A comunicação é fundamental para êxito desses processos, não podendo estar restrita a uma área ou equipe.

Quando as pessoas passam a ter um propósito de vida e a amar e se orgulhar do que fazem, podem produzir ainda mais, além de gerar o fenômeno da criatividade associando a estrutura e os métodos comentados no Capítulo 7.

Digamos que as revisões devam ocorrer de 15 em 15 mil quilômetros. Será que as equipes que trabalham no caminhão têm consciência da grandiosidade do trabalho que estão executando, pois aquele caminhão irá rodar 15 mil quilômetros com a manutenção que foi feita por eles. Quantas situações podem acontecer nestes 15 mil quilômetros que poderiam influenciar diretamente nos benefícios citados anteriormente (segurança, abastecimento das cidades e oportunidades para novos profissionais no setor)?

As pessoas precisam se sentir pertencentes ao propósito, suas ações não podem ser consideradas simplesmente isoladas ou mesmo meramente operacionais e de execução, sem grande relevância no contexto organizacional.

Programas de comunicação espalhados na empresa mostrando o verdadeiro resultado das ações, assim como *workshops* de conscientização da importância da disciplina na execução de controles para garantir o sucesso dos produtos e aprendizado com exemplos de líderes, podem fazer toda a diferença para o estabelecimento de uma cultura voltada para o propósito não somente organizacional, mas também pessoal, pois fará parte de um mesmo conjunto de objetivos.

Construindo a Potencialidade Individual e Organizacional

Desenvolver a potencialidade pode ser mais simples do que imaginamos, basta olharmos para os sentimentos que possuímos quando executamos algo. Nosso corpo não mente. A mente, sim! Quantas vezes temos a sensação de que o caminho é por ali, mas acabamos tomando outro, porque alguém falou "melhor ir por aqui", ou "os modelos apontam para outro lado" ou até mesmo o nosso medo de falhar, fracassar e ser criticado nos impediu de tomarmos o caminho que nos fazia mais sentido.

Temos uma dificuldade enorme em entendermos e explorarmos as coisas mais importantes em um processo de mudança, criação ou até mesmo busca pelo que amamos. A dificuldade está na percepção de que as sensações mais significativas são as que vêm de dentro de nós mesmos e não de fora.

A conscientização ajuda mas não resolve, pois um exemplo interessante é o consumo do cigarro. O médico é o mais consciente dos problemas que o cigarro pode causar à saúde, e mesmo assim muitos médicos fumam.

A conscientização vem de fora, do conhecimento adquirido na universidade e nos anos de experiência, mas somente ele mesmo poderá parar de fumar.

A mudança é interna, vem de cada um olhando para os seus pontos mais íntimos e identificando suas potencialidades. As organizações não são diferentes. Precisam olhar para dentro, entender sua essência e os seus talentos que a produzem.

Precisam olhar para dentro sem medo de expor suas fragilidades e deficiências. A melhor forma de melhorar é reconhecer que não somos perfeitos, considerando a necessidade de evolução constante perante a sociedade, clientes, concorrentes, governo, fornecedores e todas as partes ao seu redor.

Se ambas, organização e pessoas continuarem olhando e dando ouvidos apenas para fora da organização e de suas percepções, estarão se autonegligenciando perante o mercado e aquilo que melhor conseguem desenvolver.

É preciso mergulhar na história da empresa, e entender seu surgimento, seu renascimento ou até as novas percepções que talvez nunca tenham sido expostas por seus líderes.

Como já falamos, adotar metodologias, melhores práticas, processos, projetos, são na verdade veículos que tomamos para percorrer caminhos, porém não são os próprios caminhos.

Os caminhos só poderão ser definidos com a descoberta da potencialidade organizacional e dos indivíduos que atuam nessa organização;

Para isso, o movimento é muito mais interno do que externo. Vivenciei empresas que buscavam mudanças e começavam exatamente pelo caminho oposto, trazendo visões externas, muitas vezes sem se conhecer primeiro.

Não sou contra as práticas de *benchmark* ou consultorias, pelo contrário, acho que são muito importantes se bem conduzidas, mas respeito muito as pessoas que já vivem uma realidade e conhecem o DNA da empresa.

Existe um ditado no mercado de que o "consultor é aquele profissional que é contratado para falar aquilo que todos já sabem". Isso em muitos casos é uma verdade, justamente por não olhar para dentro e entender primeiro o que somos, para depois pensarmos em o que fazemos.

Quando as organizações acordarem para o fato de que as pessoas que estão dentro dela são as mais capacitadas para melhorar suas operações, e que melhor conhecem suas fragilidades e pontos fortes, iniciarão o movimento de descoberta da potencialidade pura não somente organizacional, mas estarão formando e desenvolvendo verdadeiros líderes com potenciais inimagináveis, explorando muito mais do que os "10% do cérebro".

Outro dia estava vendo um documentário sobre o processo de produção do Ford Mustang nos Estados Unidos. Todo o orgulho dos funcionários de anos fábrica era declarado nos depoimentos.

Aí você vai me questionar, mas será que este documentário não foi encomendado pela fábrica para trabalhar o marketing? Pode ser que sim, mas ao longo do programa uma história me chamou a atenção.

Um casal que trabalhava no chão de fábrica e haviam se conhecido ali. Tiveram um filho e anos depois estavam montando o carro encomendado por esse filho.

Seu orgulho era nítido. A realização de um sonho do próprio filho. Eles diziam: "Fomos nós que fizemos o carro dos sonhos do nosso filho".

O pai disse: "Eu pude ligar o carro antes de meu filho e checar tudo para ele".

Eles jamais conseguiriam todo esse amor na produção se não tivessem isso como prática. A produção do carro para o filho foi apenas o fechamento da carreira maravilhosa que tinham dentro da Ford.

Portanto, a maior lição deste processo é "Faça para os outros como se fosse para você".

Ao fazer o bem, pautado em um propósito maior, o bem volta para você. Tudo está interligado de alguma forma.

Sempre estamos construindo nosso futuro a partir de escolhas e decisões que tomamos no presente.

Os propósitos são exatamente isso, trabalhamos para algo maior, que realmente faça sentido, que mude o rumo das coisas, que faça a diferença na vida das pessoas e no mundo.

Se despertar propósitos nas pessoas, elas poderão explorar seu máximo. Ninguém sai de casa todos os dias pensando em errar, em fazer de forma ruim seu trabalho ou mesmo não fazer o trabalho.

Todos querem acertar e fazer o melhor, mas as dificuldades ao longo do dia e a falta de propósitos afastam as pessoas das causas mais nobres que estão em seu íntimo e de suas verdadeiras intenções.

Se de alguma forma as organizações conseguirem resgatar as verdadeiras intenções das pessoas, poderão estar acendendo um novo sentido na vida das pessoas e formando uma nova era de serviços e diferenciais.

E isso somente será possível através de uma visão humanística. Não são as metodologias, números e metas que irão explorar o que há de melhor nas pessoas.

As teorias organizacionais passarão por uma transformação de junção de inteligências analíticas com perceptivas, unindo equipes com ferramentas, proporcionando mais sentido e propósito nas vidas das empresas e das pessoas.

CAPÍTULO **10**

Caso GE Aviation Celma

POR QUE A **GE CELMA**?

Durante uma visita técnica com alunos do MBA em Qualidade e Gestão de Processo em Petrópolis, nas instalações da GE Celma, sugerido por um grupo de alunos que trabalhavam na empresa e gentilmente me consultaram da possibilidade de visitarmos num sábado, eu conheci o Julio Cesar Talon e me surgiu a ideia de entrevistá-lo para fechamento deste livro.

Se eu tivesse que definir um estilo de liderança que representasse o Julio Talon, diria que ele possui as características dos três níveis de liderança que abordei, pois *lidera pelo propósito* e não pelo marketing, tem uma capacidade de distanciamento muito grande do ego e escuta e incentiva impulsionadores.

Chegamos na GE às 9hs de um sábado para a visita, e não tinha nada agendado com o Julio em nos receber ou falar sobre a GE Celma, mas ele estava lá e também acompanhando uma visita para outras duas pessoas que foram conhecer a empresa.

A equipe que trabalhava na GE e fazia parte do MBA, conversou com ele sobre a visita da turma e ele escolheu nos receber. Escolheu? Isso mesmo! Quantos presidentes cometeriam essa gentileza e generosidade em receber uma turma de alunos de MBA para falar sobre a GE Celma e suas operações?

Mas a coisa não acaba por aí...ficamos conversando com o Julio cerca de 45 minutos e ele não mencionou nada a respeito de faturamentos, ou metas de resultados e redução de custos.

Em sua fala, Júlio explicava de forma muito simples e serena que a GE Celma é uma empresa com uma base muito forte de valores voltados para um propósito como "garantir a segurança de milhões de pessoas no mundo todo".

Despois dessa experiência, tive a certeza que estava diante de um líder que reunia as características que defendo, fundamentais para explorar mais potencial das pessoas e estabelecer organizações voltadas para os propósitos.

ENTREVISTA COM JULIO CESAR TALON

Estivemos em uma conversa muito agradável que durou 1 hora e 15 minutos. Foram suficientes para perceber que minha escolha de caso estava correta.

Ricardo: Como você entende a formação de um propósito organizacional?

Julio: *A questão do propósito tem muito a ver com as crenças. Existem empresas que possuem uma visão muito voltada para o cliente, atendimento e satisfação do cliente, tende a ocorrer de uma forma natural. Percebo isso muito aqui na GE Celma, o chão de fábrica aqui na GE, está até mais enraizado este orgulho de atender bem o cliente e entender e acreditar no que a empresa faz. Têm empresas que possuem o propósito muito voltado para ganhar dinheiro na prática, apesar de possuir marketings voltados para o atendimento ao cliente, percebemos que esta pode não ser de forma genuína.*

As pessoas precisam perceber os propósitos em todos os níveis da organização e passarem a acreditar e vivenciar os propósitos, não apenas tendo a missão e visão coladas na parede.

A GE tem essa visão de propósito, e realizou enquetes para o mundo todo questionando aos funcionários qual seria de fato o seu propósito? Incentivando as pessoas a participarem do processo de construção de um propósito.

E definiram um propósito para GE, "Inventar o futuro da Aviação levando as pessoas mais alto e trazendo-as de volta em segurança". Levar mais alto as pessoas, não está restrito a tirar o avião do chão, mas sim melhorar a qualidade de vida das pessoas.

Você acredita que os propósitos organizacionais podem se tornar propósitos de vida das pessoas envolvidas na operação da GE?

Na verdade eu acredito que o propósito de vida das pessoas é que pode se tornar um propósito organizacional.

Acredito muito que somente as pessoas motivadas é que podem fazer a diferença.

E a motivação só pode ser medida no contato e não nas pesquisas. Estar presente, estabelecendo um canal, se fazendo presente é que podemos avaliar o nível de motivação das pessoas.

Soube que sua liderança é baseada em reuniões com as equipes da linha de produção, com os chefes de equipes. Qual é sua maior intenção nessas reuniões?

É uma reunião que chamo de "trocando ideias". Ocorre anualmente e com as equipes de chão de fábrica, sem a presença dos chefes de produção, líderes, gerentes e diretores. As reuniões com a equipe de gestão tem outro momento.

Essa reunião é subdividida em trinta a trinta e cinco sessões, pois são mil e trezentos funcionários, levando cerca de quarenta e cinco dias. Geralmente se inicia em fevereiro e fecha em março de cada ano.

A comunicação é uma das coisas que mais me preocupa, e onde percebo que mais precisamos evoluir. Entender que as comunicações não podem ter interpretações pessoais.

A intenção da reunião é uma comunicação bem livre, podendo perguntar sobre qualquer tema.

Você acredita que a reunião é um alinhamento de propósitos?

Sim, pois nela que eu consigo passar muito do propósito organizacional, reforçar as metas e objetivos e ao mesmo tempo captar o que falta por parte das pessoas para atingir os objetivos e metas que podem estar claros para mim, mas não necessariamente para as pessoas.

No livro menciono que metodologias, melhores práticas, ferramentas, "são veículos para percorrer caminhos e não os próprios caminhos", como você enxerga esta afirmação e como vê a Estratégia da GE focada na qualidade?

O que acho que funciona bem é que o profissional, quando começa a trabalhar numa empresa como a GE Celma, demora um "tempinho" para ele entender a importância do trabalho. Tentamos mostrar a dimensão e as consequências do trabalho dele com a "não qualidade". Aplicando exemplos para adequar a linguagem para entendimento.

Por exemplo: devemos ter de cento e vinte a cento e trinta mil acidentes aéreos na aviação vitimando centenas de milhares de pessoas, onde 80% das causas estão na falha humana e os 20% estão em outras falhas.

Trabalhar na aviação é simples, pois talvez seja a área mais regulamentada no mundo, se respeitarmos todos os regulamentos, dificilmente teremos problemas.

Tentamos sensibilizar as pessoas usando exemplos práticos. Hoje nós temos aqui a frota da Southern que é o maior operador de Boing 737 do mundo, com mais de setecentas unidades, sendo que 80% das frotas dos motores é revisado aqui. Então, fazendo uma conta, temos setecentos aviões que levam em média cento e cinquenta pessoas em cinco voos diários, quantas pessoas estamos falando? Esses números nos ajudam a sensibilizar as pessoas sobre a importância dos seus trabalhos e a necessidade da qualidade.

Você é um filho da GE Celma, pois nasceu dentro da GE Celma e já acumula anos de experiência, se não me engano, em diversas áreas. Acredito que as soluções estão dentro de casa. O consultor é o psicólogo que pode ajudar muito, mas somente o paciente pode promover a mudança, pois esta vem de dentro e não de fora. Você enxerga desta forma também? Já possui escolhidos para serem seus sucessores? Está na busca de um?

Concordo muito e acredito que as pessoas certas estão mais dentro do que fora, mas precisamos ter cuidado para não cairmos na armadilha de achar que somos autossuficientes. Isso ficou claro quando o presidente da Southern em um jantar me disse que nós não éramos um fornecedor, mas sim um parceiro. Ou seja, precisamos viver os propósitos de nossos fornecedores também. Outro exemplo de propósito de fornecedores, foi o da FedEx, em que o presidente me disse que contava muito comigo, pois quando um avião deixa de decolar por algum problema de manutenção no motor, eu impacto a vida de milhares de pessoas em todo o mundo que contam com as entregas e cargas que estão naquele voo.

Portanto, empresas como a Celma, que tem uma história de sucesso, podem cair nesse erro de achar que não precisam olhar para fora, porém não podemos achar que se fechar é a solução. Acredito que o caminho seja respeitar a cultura, mas olhar para fora também. Talvez você até seja autossuficiente, mas é importante pensar que não é. Isso lhe possibilita envolver pessoas, pedir ajuda, ouvir a equipe e ouvir o mercado, construindo alianças. As soluções são internas, mas não podemos deixar de construir alianças e parcerias.

Falando das sucessões, hoje já tenho dois prováveis sucessores, um de curto prazo e outro de mais longo prazo. Se o Julio sair da Celma hoje, o meu sucessor estará neste andar e muito possivelmente daqui a dois anos, o segundo também estará neste andar.

Aviação é um negócio de longo prazo, a preparação de um líder demora, não conseguimos formar tão rapidamente. Portanto a sucessão é um aspecto a que precisamos estar muito atentos. Hoje temos uma realidade diferente, precisamos dar oportunidade para as pessoas crescerem em uma velocidade maior da que tínhamos na minha época. Eu estou na Celma há 28 anos, 14 anos estive na área técnica e 14 anos na gestão. Esse cenário contradiz com uma necessidade dos profissionais atuais por resultados mais rápidos. Necessidade de crescimento mais rápida.

Preparar a sucessão e preparar a saída é fundamental. Sei que um dia terei que sair da empresa. Quero sair com a certeza, é difícil falar de certeza, mas a sensação muito forte de que a Celma tem condições de permanecer por mais cinquenta a sessenta anos no mercado. Entendo que a sucessão se faz necessária. Lógico que não penso em sair, mas sei que é saudável para Celma a renovação. Talvez a Celma de 2020 precise de um líder diferente do Julio.

Portanto, precisamos nos preparar para sair. Eu penso muito nisso, pois é claro que gostaria de me aposentar aqui na Celma, mas sei que a renovação é importante. Seria um momento triste, mas entendo perfeitamente.

Julio, você menciona que daqui a cinco anos a Celma pode precisar de um novo executivo e isso é saudável, mas entendo também que daqui a cinco anos o mundo pode precisar de um Julio. Os ciclos não se encerram e se renovam somente para organização, mas para o líder também. Acredita nisso? Você pode ser necessário em outras empresas com essa visão de liderança?

Uma vez eu me questionava a respeito de não ser um padrão de executivo corporativo, e comentei isso com um amigo, e o escutei dizer "na minha opinião o líder moderno se equivale com o seu estilo". Isso me confortou e fiquei muito feliz. Me senti lisonjeado!

Gerir uma empresa do porte da GE Celma, é um desafio muito grande! Qual seria a sua principal estratégia e estilo de liderança para engajar as pessoas?

Eu procuro seguir desenvolvendo as pessoas e dando autonomia. Estou aqui com um único propósito, de fazer as *pessoas que trabalham para mim crescerem e serem autossuficientes, pois se as pessoas crescerem a empresa cresce também. Me preocupa a centralização das decisões, apesar de saber que na prática a centralização seja muito difícil de romper. Quero preparar as pessoas para tomarem decisão. Eu não monto motor, não defino o serviço a ser desenvolvido, portanto esse é meu desafio, ajudar as pessoas a serem autônomas. No bom sentido eu gostaria de ser dispensável. Lógico que quando falo "dispensável", não é que o Julio não possa ser envolvido, mas permitir que as pessoas trabalhem com mais autonomia e com liberdade para explorar seus potenciais ao máximo.*

Se me permite, eu diria que seu estilo envolve um senso de altruísmo muito alto. Você vê dessa forma também?

Precisamos de líderes que deixem as pessoas trabalharem, o cara que quer colocar o carimbo dele em tudo, atrapalha o coletivo. A equipe sabe o que faz.

Como você enxerga os jovens profissionais e futuros executivos e líderes? Como esses jovens que desejam liderar, poderiam alcançar esse objetivo?

Eu dou um conselho para todo profissional que entra na Celma, não somente para os líderes e executivos. Todo funcionário que entra eu tento contar um pouco do que vi na vida, baseado em três coisas: a primeira coisa é gostar de trabalhar. Sair de casa para trabalhar como se estivesse indo para uma festa. No início da minha carreira trabalhei vinte dias em uma empresa que o presidente da empresa era uma "entidade superior" e isso me fazia mal. Trabalhar vinte dias ali não foi bom. Precisamos gostar de trabalhar e o ambiente faz a diferença. A segunda coisa é gostar do que faz. Meu pai me dizia uma coisa que guardei: "A profissão não interessa, você precisa fazer bem feito e gostar do que faz". Repito isso para os filhos e para os profissionais. Até falo isso para as pessoas aqui e peço para não se assustarem com o que irei dizer, mas "se você não gosta do que faz, precisa encontrar outra coisa urgente". A terceira é gostar da empresa, do local que trabalha. Gostar da maneira de como a empresa te trata, os clientes te tratam, a energia que circula na empresa. Pois às vezes gostamos do que fazemos, somos trabalhadores, mas a empresa não ajuda. Se as três coisas acontecem, não tem como, não vai dar certo.

Lembro-me de ser recebido por você na visita técnica a GE em novembro do ano passado e ter ficado impressionado com a sua visão de gestão de pessoas e propósitos. Tanto é assim, que ficamos cerca de quarenta e cinco minutos falando sobre a GE, sem mencionar os faturamentos e metas financeiras. É claro que sabemos da importância dos resultados e do lucro, mas ter um propósito maior pode ser a chave para a prosperidade e longevidade das organizações, onde o lucro é uma consequência deste processo?

Isso é consequência! Tem duas maneiras de fazer uma empresa: focar no dinheiro, e os fins justificam os meios. Hoje talvez você faça uma empresa como a Celma, até mais lucrativa no curto prazo, porém isso não é sustentável. As pessoas não querem mais isso. As pessoas não toleram mais isso! Lucro pelo lucro! O respeito fala mais alto. Acho que há trinta anos ser valorizado era ter um bom salário, ter uma mesa de caviúna com uma fileira de gavetas. Se tivesse duas fileiras de gavetas, nossa! Hoje isso não tem mais valor. Não são suficientes para retirar todo o potencial das pessoas. Há pessoas que tem tudo isso e não se sentem valorizadas.

Acredita que a GE já conseguiu unificar os propósitos organizacionais em propósitos de vida? E se entende que não, o que falta?

Eu acho que a GE como um todo está caminhando muito com essa visão de unificação, e isso começou com a definição do propósito e um programa sobre as crenças da GE, juntamente com os perfis dos profissionais. Agora estamos caminhando para uma nova fase de integrar essas crenças das pessoas com o propósito. Aqui na Celma, essa cultura até por estar em uma cidade pequena, existe uma paixão das pessoas de trabalhar na Celma e isso transcende os muros da empresa. Abrimos programas de trainee e em quatro horas temos mais de trezentos candidatos inscritos. Essa cultura da empresa é muito forte e como transcende os muros da empresa, muitas pessoas ainda do lado de fora já procuram a GE CELMA por se identificarem com seu propósito. A seleção já ajuda na identificação do perfil que unifica propósitos. Contratamos duzentos profissionais para oficina no ano passado, no ano de maior volume de produção da história, e não tivemos nenhum problema de qualidade e deslize. Este é o resultado da cultura, da junção de propósitos e engajamento dos que estão aqui e em ajudar os que estão chegando.

Hoje percebo que existem muitas pessoas no mundo inteiro que vivem por viver. Precisamos viver mais por propósitos e causas. Precisamos viver para fazer a diferença para as pessoas e para o mundo.

Essa visão que você comenta de trabalhar por uma causa, por um mundo melhor, o Charles Handy pregava em 80 e foi duramente criticado. Ou seja, essa visão humanística dentro das organizações ela não é trabalhada, somos ensinados a sermos um fora e outro dentro das empresas, mas somos um só, como você vê isso?

Julio: Na verdade você vê algumas pessoas que têm essa visão, mas o mundo corporativo ainda não despertou para isso. Não despertou que isso é uma necessidade! Acho que não existe um treinamento humanístico nas organizações e precisamos trabalhar essa abordagem.

CONCLUSÃO

Trabalhar a potencialidade de cada profissional é como respeitar a individualidade das pessoas e preparar o alicerce para o crescimento organizacional.

Se observarmos a natureza em sua essência, nos depararemos com lições todos os dias bem em nossa frente.

As árvores de um mesmo tipo podem ser parecidas, mas não são iguais. A grama ao redor pode ser parecida com outras, mas não são iguais.

Os pássaros são parecidos e é como se tivessem o mesmo canto, mas são diferentes.

Cada um de nós é único. Essa exclusividade vem da nossa própria existência que é única, assim como da natureza também.

A diferença entre nós e as árvores, os pássaros e a grama, é que eles, por não terem paranoia, são o que são.

Vejam as árvores, quando chega a primavera não ficam preocupadas se vão florir mais ou menos que as árvores do lado, ou se suas flores são mais bonitas ou não. Simplesmente são o que são, estão conectadas com sua essência.

Se olharmos para dentro, não para fora, encontraremos nosso poder pessoal, e seremos plenos, pois estamos com o que temos de melhor, de forma suave, calma e serena.

Conclusão

Quantos filhos por amor e admiração aos pais não olham para dentro, e buscam ser iguais aos seus pais.

Em muitos casos atingem sucesso profissional, porém não conseguem o mesmo desempenho como seres humanos.

E por que os pais permitem isso? Talvez o ego permita.

As empresas precisam encontrar suas potencialidades através das pessoas que ali compõe o quadro. Este tipo de teoria não é comum dentro das organizações, mas a visão humanística precisa ser trabalhada.

As pessoas não aguentam mais viver dentro de regras e dogmas que não permitem explorar suas potencialidades. Estas só podem ser atingidas com incentivo de líderes que estejam voltados para um propósito maior do que o simples cumprimento de metas e objetivos sem conexões com causas legítimas.

A liderança distante do ego e com intuito de ser substituída através da formação de novas alianças, seguidores e talentos até então submersos pela falta de uma escuta ativa, é a chave para estímulo dos maiores potenciais realizadores das pessoas e das organizações.

A inovação se dará de forma muito mais espontânea nas pequenas ações do dia a dia, proporcionando uma cultura voltada para a criação constante e um senso de respeito a opinião e ideias dos próximos.

Uma sensação de realização tornará evidente nas pessoas e nas organizações que outro resultado interessante será a capacidade de efetuar escolhas mais precisas e em alinhamento com o propósito organizacional.

As escolhas efetivas ocorrem em função da própria potencialidade, desenvolvendo os projetos e as iniciativas mais aderentes aos talentos das pessoas, provocando a paixão na realização, com entregas únicas, diferentes no mercado, gerando exclusividade e identidade organizacional.

Os processos e projetos serão as ferramentas para apoiar as operações e ajudar as pessoas a explorarem cada vez mais o melhor que possuem, estabelecendo uma harmonia entre a inteligência analítica com a perceptiva.

Toda essa dinâmica despertará nas pessoas um propósito de vida, integrando seres humanos ao sistema organizacional, de uma forma verdadeira e consciente, quebrando os modelos engessados, as regras que impedem as inovações e destroem os talentos.

QUALITYMARK EDITORA

Entre em sintonia com o mundo

QualityPhone:
0800-0263311
Ligação gratuita

Qualitymark Editora
Rua Teixeira Júnior, 441 - São Cristóvão
20921-405 - Rio de Janeiro - RJ
Tel.: (21) 3295-9800
Fax: (21) 3295-9824
www.qualitymark.com.br
E-mail: quality@qualitymark.com.br

Dados Técnicos:

• Formato:	14 x 21 cm
• Mancha:	11 x 18 cm
• Fonte:	Bookman Old Style
• Corpo:	11
• Entrelinha:	13
• Total de Páginas:	116
• 1ª Edição:	2015